MANUAL DE
SOLUÇÃO DE CONFLITOS

CB040103

Copyright© 2019 by Literare Books International.
Todos os direitos desta edição são reservados à Literare Books International.

Presidente:
Mauricio Sita

Vice-presidente:
Alessandra Ksenhuck

Capa:
Julyana Rosa

Diagramação:
Paulo Gallian

Revisão:
Rodrigo Rainho

Diretora de projetos:
Gleide Santos

Diretora executiva:
Julyana Rosa

Relacionamento com o cliente:
Claudia Pires

Impressão:
ANS

Dados Internacionais de Catalogação na Publicação (CIP)
(eDOC BRASIL, Belo Horizonte/MG)

M294   Manual de solução de conflitos / Coordenação editorial Allessandra
Canuto, Ana Luiza Isoldi e Mauricio Sita. – São Paulo, SP:
Literare Books International, 2019.
16 x 23 cm

ISBN 978-85-9455-187-0

1. Administração de conflitos. 2. Negociação (Administração de
empresas). I. Canuto, Allessandra. II. Isoldi, Ana luiza. III. Sita,
Mauricio.

CDD 658.4052

Elaborado por Maurício Amormino Júnior – CRB6/2422

Literare Books International Ltda.
Rua Antônio Augusto Covello, 472 – Vila Mariana – São Paulo, SP.
CEP 01550-060
Fone/fax: (0**11) 2659-0968
site: www.literarebooks.com.br
e-mail: contato@literarebooks.com.br

Gestão de conflitos: competência indispensável aos profissionais do terceiro milênio

por Allessandra Canuto

Em um mercado de trabalho cada vez mais competitivo, sai na frente quem investe na própria formação e busca se atualizar, acumulando uma gama variada de conhecimentos. Mas não se engane: toda a busca por qualificação pode ser inútil se, além das competências técnicas, os profissionais não buscarem desenvolver competências comportamentais que fazem a diferença no dia a dia de qualquer negócio.

Chamadas de *soft skills*, essas competências não são fáceis de aprender e ensinar, pois dizem respeito à capacidade de interação no ambiente de trabalho. Envolvem habilidades como resiliência, tolerância à frustração, paciência, empatia, relacionamento, flexibilidade, comunicação, liderança e trabalho em equipe e tudo isso impacta diretamente na gestão de conflitos.

A dificuldade é que não podemos aprendê-las em um curso ou em um livro, ao contrário do que ocorre com as habilidades técnicas. Para desenvolvê-las, mais do que horas de estudo, os profissionais precisam de real disposição para perseguir o autoconhecimento, para interagir com o outro, falar, observar, analisar sua postura, tom de voz, pedir *feedbacks*, identificar dificuldades de relacionamento e possíveis alternativas para eliminá-las.

Não existe receita de bolo para nada disso. O método da tentativa e erro permanece o mais eficaz ao desenvolvimento nesse sentido, assim como a observação. Hoje, as melhores metodologias de educação estimulam o erro como forma de potencializar o aprendizado, afinal, se você errar, é um sinal de que está executando e enriquecendo seu repertório. A ideia não é ser irresponsável e, sim, ser realizador, então estude, treine, se prepare e arrisque colocar em prática de verdade. Vale a pena empregar um tempo extra observando a conduta de pessoas que admira, absorvendo o modo como agem, como se comunicam, como reagem em situações de conflito ou tensão, como se adaptam às mudanças. Se além de observar, você puder dialogar e pedir *feedbacks* a elas, melhor ainda.

A forma como você vai aprimorar suas *soft skills* não importa. Não poupe tempo e energia para aprimorá-las. Apesar de difíceis de mensurar, elas representam, muitas vezes, a diferença entre o sucesso e o fracasso. O mundo está cheio de histórias de profissionais muito inteligentes, cuja carreira estagnou, pois não conseguiam se relacionar com os outros ou não tinham a adaptabilidade necessária para sobreviver a um cenário de constantes mutações. Para que não seja o seu caso, comece a trabalhar suas habilidades já.

Para isso, disponibilizamos todos os artigos a seguir, com eles você poderá ampliar sua percepção e conhecimento sobre as questões que giram na órbita dos conflitos. Utilize este livro como um guia de consulta a cada novo desafio que surgir em sua jornada. Mais importante do que ler, é colocar em prática e tirar suas próprias conclusões a respeito da experiência que obtiver!

Allessandra Canuto é especialista em gestão estratégica de conflitos e negociação, facilitação e treinamento para potencializar negócios pelo desenvolvimento de pessoas. Ela é sócia e palestrante da AlleaoLado, empresa focada em consultoria e *coaching* para incentivar as empresas e indivíduos a potencializar seus resultados. Alle quer provocar seus colaboradores para que eles percebam o que não estão vendo, ajudar a encontrar recursos que estão deixando de lado, incentivá-los a ampliar sua presença de forma relevante no mercado e, claro, instigá-los para que se sintam mais empoderados para agir por conta própria. Saiba mais em: alleaolado.com.br.

Sumário

O uso do TKI® aliado à Comunicação Não-Violenta como forma de gerenciamento de conflitos

Adriana Fellipelli

Ao longo de minha carreira, pude perceber que o autoconhecimento é a única forma de alcançarmos o sucesso, tanto pessoal quanto profissional. Existem diferentes maneiras para lidar com conflitos e cada estilo tem custos e benefícios. O TKI® nos auxilia a compreender os diversos meios para a resolução de conflitos e abre uma porta ao autoconhecimento.

Adriana Fellipelli

CEO da Fellipelli Instru. de Diag. e Desen. Organizacional, tem como missão promover o desenvolvimento empresas por meio do autoconhecimento. Em 1988, Adriana fundou a Saad-Fellipelli, especializada em *outplacement*, que foi adquirida pela *Right Management* em 2000. Atua na implantação de estratégias para *Assessments*, Avaliações 360°, Pesquisas de Clima, Engajamento, *Coaching* e *Workshops*. Atua como *Coach* desde 1996, atendendo "C-Levels". Faz a qualificação do instrumento MBTI Step II®, FIROB® e Inteligência Emocional entre outros. A Fellipelli representa empresas como TMS, Birkman®, Psychometrics, Actiview, são 14 *talent assessments* no Brasil. É formada em psicologia, tem especialização em psicanálise e pós-graduação em *marketing* de serviços. Formada pelo Instituto Gestalt de Vanguarda com o Dr. Claudio Naranjo. É fluente em inglês e espanhol. *Coach* e instrutora do Programa de *Coaching* Baseado em Neurociência da Neuroleadership Institute validado pela Federação Internacional de Coaching.

Contatos
www.fellipelli.com.br
adriana.fellipelli@fellipelli.com.br
LinkedIn: https://www.linkedin.com/in/adrianafellipelli/
(11) 4280-7100

Desenvolvido por Kenneth W. Thomas e Ralph H. Kilmann no começo da década de 70, o questionário TKI® é, ao meu ver, a mais completa ferramenta para gerenciamento de conflitos que há no mercado, atualmente. Foi aprimorada a partir de um estudo sobre estilos de conflito gerenciais, por Robert Blake e Jane Mouton, na década de 60 e usada primordialmente como uma ferramenta de pesquisa. Entanto, em pouquíssimo tempo, especialistas perceberam a importância de utilizá-la em treinamentos ao redor do mundo.

Há mais de 30 anos, pois três milhões de cópias do instrumento TKI® aproximadamente foram comercializadas. Tornou-se a principal ferramenta de identificação de comportamento ao lidar com conflitos.

O instrumento TKI® é utilizado em uma ampla variedade de aplicações:
- Treinamento gerencial / liderança;
- Treinamento em negociação;
- Formação de equipes;
- Gerenciamento de crises;
- Aconselhamento matrimonial e familiar.

Percebo o conflito como uma fonte inesgotável de abertura para o autoconhecimento. Embora, ao longo dos séculos, o viés tenha sido totalmente sido outro, as situações conflituosas são palco para repensarmos muitas de nossas atitudes e, principalmente, quem somos nós e quem queremos ser.

Marshall Rosenberg, por sua vez, escreveu o livro "Comunicação Não-Violenta: técnicas para aprimorar relacionamentos pessoais e profissionais". Este livro, aliado ao TKI, pode incrementar de uma forma maravilhosa as relações interpessoais no ambiente de trabalho. Vou explicar os dois eixos que permeiam o instrumento e os cinco estilos identificados pelo TKI. Logo após isso, irei fazer a relação com o livro de Marshall.

Assertividade
- É o grau pelo qual você tenta satisfazer seus próprios interesses. Assertividade pode significar tentar satisfazer suas necessidades ou obter apoio para suas ideias.

Cooperatividade
- É o grau pelo qual você tenta satisfazer os interesses da outra pessoa. Cooperatividade pode significar ajudar a outra pessoa a

atingir seus objetivos ou ser receptivo às ideias das outras pessoas.

Os cinco estilos do TKI:

Competindo significa ser assertivo e não colaborativo – um indivíduo que foca seus próprios interesses. Esse é um estilo orientado ao poder, e usa meios que lhe pareçam apropriados para defender a sua posição. Mostra habilidades argumentativas. Competindo pode significar "fazer valer seus direitos".

Exemplos
* Comunicar uma decisão;
* Indução de uma conclusão que se encaixe com suas informações;
* Negociação dura (com o mínimo de concessões).
* Benefícios
* Persuasão;
* Possibilidade de uma vitória rápida;
* Autodefesa.
* Custos
* Relações de trabalho difíceis;
* Qualidade reduzida de decisão;
* Iniciativa e motivação reduzidas;
* Possível escalada e impasse.

Concedendo significa ser não-assertivo e colaborativo – o oposto de competindo. Pode-se negligenciar os próprios interesses; há um elemento de autossacrifício nesse estilo. Pode tomar a forma de generosidade abnegada, obedecendo às ordens de outrem quando preferiria não fazê-lo ou cedendo constantemente.

Exemplos
* Fazer um favor a alguém;
* Ser persuadido;
* Obedecer a uma autoridade;
* Submeter-se ao "expertise" do outro;
* Acalmando alguém.

Benefícios
* Apoio a alguém;
* Restaurar a harmonia, construir relacionamentos;
* Optar por uma conclusão rápida.

Custos
* Interesses sacrificados;
* Perda de respeito;
* Perda de motivação.

Evitando significa não ser assertivo nem colaborativo – o indivíduo não promove seus próprios interesses nem os da outra pessoa. Prefere não lidar abertamente com o conflito. Pode sair diplomaticamente de um problema, adiar a questão até um momento mais oportuno e evitar uma situação ameaçadora.

Exemplos
- Evitar pessoas que você considera problemáticas;
- Não se envolver em questões de pouca importância, complexas ou perigosas;
- Adiar a discussão.

Benefícios
- Reduz o estresse;
- Economiza tempo;
- Evita o perigo;
- Estabelece condições mais favoráveis.

Custos
- Piora as relações;
- Causa ressentimentos;
- Prejuízo da comunicação e tomada de decisões.

Colaborando significa ser assertivo e colaborativo – o oposto de evitando. Trabalha com o outro para encontrar uma solução que satisfaça plenamente os interesses de todos. Aprofunda-se em um problema para identificar os interesses subjacentes e criar opções para a criação de valor. Pode explorar uma desavença para aprender com ideias um do outro, e tentar encontrar uma solução criativa para um problema interpessoal.

Exemplos
- Reconciliar interesses por meio de uma solução boa para todos;
- Combinar *insights* para um entendimento mais saudável.

Benefícios
- Decisões com melhor qualidade;
- Aprendizado e comunicação;
- Resoluções e comprometimento;
- Fortalecimento das relações.

Custos
- Tempo e energia exigidos;
- Demandas psicológicas;
- Possibilidade de falar mais do que devia;
- Risco de vulnerabilidade.

Conciliando significa envolver um grau intermediário de assertividade e cooperatividade. O objetivo é encontrar uma solução mutuamente aceitável e prática, que satisfaça parcialmente ambas as partes. É um meio-termo entre competindo e concedendo. Conciliando pode significar dividir as diferenças, trocar concessões ou buscar uma rápida solução de meio-termo.

Exemplos
- Negociações não significativas (trocando concessões);
- Revezando-se;

Moderando as conclusões.

Benefícios
- Pragmatismo;
- Rapidez e utilidade;

- Justiça.

Custos
- Interesses parcialmente sacrificados;
- Não gera soluções excelentes;
- Entendimentos superficiais.

Há diferentes maneiras para se lidar com os conflitos. Cada estilo tem seus custos e benefícios. São altamente eficientes se aplicados habilmente nas circunstâncias corretas. A efetividade depende de dois fatores:
- Saber quando utilizar cada estilo;
- Possuir as habilidades para desempenhar bem cada estilo.

Mas, quando e como eu devo utilizar cada um dos estilos?

Utilizar o estilo COMPETINDO:

A competição é um estilo que deve ser utilizado com moderação, apenas em questões vitais, nas quais a colaboração se tornou impossível. Decisões impopulares, rápidas ou quando não existir nenhuma possibilidade de consenso.

Utilizar o estilo CONCILIANDO:

A conciliação não deve acontecer em questões e acordos vitais em uma organização. Entanto, quando as pessoas com poderes semelhantes enfrentam um problema difícil, ou quando você precisa de uma solução temporária para algo complexo. Em outros casos, se você precisar de uma decisão conveniente sob pressões de tempo. Enfim, em todas as situações nas quais os estilos mais assertivos poderiam prejudicar uma relação, ou quando a competição e a colaboração falharam.

Utilizar o estilo COLABORANDO:

A colaboração, embora muito almejada pelas pessoas, como forma "ideal" de resolução de conflitos, é apenas mais uma maneira de se tratar uma situação conflituosa. Ela deve ser utilizada quando os interesses são vitais para uma organização. Também é altamente poderosa quando você quer aprender. Quando você quiser combinar *insights* vindos de diferentes perspectivas. Outra situação em que é fundamental utilizar esse estilo é quando você precisa do verdadeiro comprometimento em uma decisão, ou seja, ao sentir um engajamento genuíno das partes envolvidas. Por fim, ao resolver problemas em um relacionamento no qual você acredite que ainda há salvação.

Utilizar o estilo EVITANDO:

O estilo EVITANDO é o mais rejeitado pelas pessoas com as quais convivo nas salas de aula. É muito difícil reconhecer que nós temos a tendência de evitar situações conflituosas. Nesses casos, muitas vezes é uma forma de autoengano. Isso revela, uma vez mais, a mais valia dessa poderosa ferramenta: ao identificar que temos a tendência de utilizar esse estilo e não assumimos isso para nós mesmos, é um grande *insight* que se revela diante de nossos olhos. E, a partir daí, é possível escolher, na próxima situação, não agir da mesma forma. Porque somos protagonistas e responsáveis por nossas ações.

Contudo, há determinadas situações em que se deve utilizar esse estilo. Evite atribuir culpas. Evite discutir personalidades. Evite problemas em que há pouco a ser ganho, ou seja, problemas que são pouco importantes; problemas que são sintomas; problemas que outros podem solucionar; problemas que são muito delicados; problemas que não se pode superar, questões superficiais, etc. Você também deve adiar decisões para: encontrar tempo; coletar informações; retomar o foco; fazer uma pausa ou mudar o cenário vigente.

Utilizar o estilo CONCEDENDO:

O estilo que concede também não é um dos mais bem vistos nas organizações. Contudo, ele pode ser muito útil em determinadas situações, tais como: quando você é persuadido; quando os outros têm mais informações e o tempo é curto; quando for voto vencido; quando seu superior prevalecer; quando você for superado. Às vezes os pequenos sacrifícios são fundamentais para aumentar a confiança, fazer favores a outras pessoas, extinguir sentimentos ruins; consertar estragos que tenha feito; perdoar para seguir em frente.

Parte II – O uso da Comunicação Não-Violenta integrado ao TKI:

Depois de receber a devolutiva do seu estilo de conflitos, é possível fazer uma conexão com os conceitos fornecidos por Marshall e pela CNV. O revolucionário livro nos propõe que entremos em contato com a verdade e nos tornemos conscientes do que está por trás de algumas de nossas falas mais comuns. Por exemplo, ao invés de dizermos que a "violência é ruim", podemos dizer o que está por trás disso. Segundo ele: "Tenho medo do uso da violência para resolver conflitos; valorizo a resolução de conflitos por outros meios".

Nossa linguagem, inúmeras vezes, está vinculada à uma discussão binária, colocada em uma relação dual, luz e sombra, certo e errado, bom e mau. Isso nos afasta daquilo que é realmente importante. Todos erramos e somos humanos. Quanto mais assumimos nossas fragilidades e identificamos como nos colocamos, mediante os conflitos, mais fácil será de solucioná-los. Em relação à linguagem, Marshall dir-nos-á:

> A relação entre linguagem e violência é tema das pesquisas O. J. Harvey, professor de psicologia da Universidade do Colorado. Ele tomou amostras aleatórias de obras literárias de países mundo afora e tabulou a frequência das palavras que classificam e julgam as pessoas. Seu estudo constata elevada correlação entre o uso frequente dessas palavras e a incidência de violência. Não me surpreende saber que existe consideravelmente menos violência em

> culturas nas quais as pessoas pensam em termos das necessidades humanas do que em outras nas quais as pessoas se rotulam de 'boas' ou 'más' e acreditam que as 'más' merecem ser punidas. Em 75% dos programas exibidos nos horários em que existe maior probabilidade de as crianças estarem assistindo à tv, o herói ou mata pessoas ou as espanca. Tal violência costuma constituir o 'clímax' do espetáculo. Os telespectadores (a quem se ensinou que os maus merecem castigo) sentem prazer em ver essa violência.

Ou seja, classificar e julgar as pessoas nos induz à violência. A raiva, muito comum em situações conflituosas, é um sentimento que nos afasta das outras pessoas e pouco tem a contribuir para a resolução de conflitos:

"A raiva é o resultado de sentimentos alienantes da vida que estão dissociados de nossas necessidades. Ela indica que acionamos nossa cabeça para analisar e julgar alguém, em vez de nos concentrarmos em quais de nossas necessidades não estão sendo atendidas."

Nas palavras de Marshall, deveríamos identificar quais são as nossas vulnerabilidades, ou seja, por meio do TKI, é possível que verifiquemos quais os estilos mais comuns e quais são aqueles que negligenciamos com maior frequência.

Ao longo de toda a minha carreira pude perceber que o autoconhecimento é a única forma de alcançarmos o sucesso, tanto pessoal quanto profissionalmente. Se quisermos ser felizes, devemos descobrir quem nós somos verdadeiramente, quais são nossas maiores vulnerabilidades, nossos pontos positivos e, principalmente, onde estão as nossas missões, para nunca nos afastarmos delas.

Marshall concorda comigo.

"Quando minha consciência se concentra nos sentimentos e necessidades de outro ser humano, enxergo a universalidade da nossa experiência. Tive um enorme conflito com o que se passava em sua cabeça, mas aprendi que gosto mais dos seres humanos se não ouço o que eles pensam. Especialmente com pessoas que têm esse tipo de pensamento, aprendi a apreciar a vida muito mais apenas escutando o que se passa em seu coração, e não caindo nas armadilhas do que está em sua cabeça."

Mas para que eu possa acessar os sentimentos e necessidades de outro ser humano, para que eu seja um especialista em gerenciamento de conflitos, para que eu viva todo o potencial, eu primeiro preciso me conhecer. Esta jornada pode ser dolorosa, cruel. E pode ser muito prazerosa, quando nos conectamos com o nosso *self*. Ao descobrirmos nossas missões, o caminhar é leve. E a vida se torna muito mais feliz. Isso só será possível se estivermos abertos. E se formos todos juntos.

Capítulo 2

Gestão de conflitos no contexto da hospedagem

Ana Luiza Isoldi

Quais os conflitos mais comuns nos meios de hospedagem? Como gerenciar esses conflitos? Quais abordagens são mais eficientes? Que critérios utilizar na escolha do método de gestão de conflitos? Encontre neste artigo informações úteis para facilitar algumas decisões...

Ana Luiza Isoldi

Mediadora, certificada pelo ICFML – IMI (Instituto de Certificação e Formação de Mediadores Lusófonos e International Mediation Institute), trabalha com mediação privada há quinze anos. Recebeu a menção como Brazil´s Best Mediators, pela Leaders League (2019). Formada em Dinâmica dos Grupos, *Coaching*, Constelação E Hospedagem. Estudou negociação e mediação com as melhores escolas e professores, transitando entre diferentes estilos: Harvard, Facilitativo, Avaliativo, Circular Narrativo, Transformativo e Sistêmico. Advogada formada pelo Mackenzie, fez mestrado em Direito do Estado (PUC/SP) e em Negociação e Mediação (IUKB/Argentina). Fundou a ALGI, Consultoria Em Gestão De Conflitos, Mediação E Processos Decisórios. Desenvolveu funções institucionais no CONIMA, CBAr, ICFML, OAB, SBDG. Atualmente preside a Comissão da Advocacia na Mediação da OABSP. Em cursos, *workshops* e palestras encontra espaço para estar com pessoas e desenvolver sua criatividade.

Contatos
www.algimediacao.com.br
ana@algimediacao.com.br
(11) 5579-2787 / (11) 99214-5164

1.Introdução

Os meios de hospedagem são sistemas complexos, com alto potencial conflitivo, já que oferecem variados serviços num mesmo contexto, distribuídos em subsistemas que se sobrepõem e interagem.

Hospitalidade, gestão de conflitos e experiência dos clientes são temas atuais não só no setor de hospedagem como também nas empresas em geral.

Não basta cumprir os contratos, é importante satisfazer e encantar os clientes para gerar *leads* espontâneas e a boa reputação da sua empresa nas mídias sociais.

É notória a preocupação do setor hoteleiro com as pontuações nos sites das agências de viagem *online*, tais como *Booking*, TripAdvisor, Trivago, Expedia, que oferecem o serviço de distribuição das unidades habitacionais dos hotéis.

Para manter as mídias bem posicionadas, na velocidade que hoje as coisas se propagam no mundo digital, muitas vezes as empresas cedem e negociam mal, gerenciando os conflitos sem planejamento adequado.

Isso também se observa no setor hoteleiro, onde é comum que a reclamação gere uma cortesia.

A excelência em hotelaria está basicamente associada ao serviço prestado com hospitalidade, que atenda às necessidades de seus clientes.

Não há manual de operações nem roteiros, por mais completos que sejam com regras e sugestões previamente definidas, que consigam dar conta de todo este potencial conflitivo.

Cabe ao gestor acompanhar, orientar e dar suporte aos colaboradores para prevenir, gerir e solucionar conflitos. Observar a comunicação, acolhimento, cultura, convivência, regras, acordos, diversidade, interação, conexão, reciprocidade, relacionamento, inclusão, exclusão, mudanças, dentre outros elementos, faz toda a diferença para buscar soluções eficientes.

2. Hospitalidade

Conhecer aspectos da hospitalidade e da inospitalidade, que inclui a hostilidade, amplia a compreensão sobre como lidar com os conflitos no contexto da hospedagem.

Para Montandon (2011, p.31), "hospitalidade é uma maneira de se viver em conjunto, regida por regras, ritos e leis". Derrida (2003) a define como o nome geral para todas as relações com o outro. Lashley (2005), define hospitalidade como relacionamento. Mauss (2015), descreve a teoria da reciprocidade, incluindo os comportamentos de dar, receber e retribuir, que permeia a hospitalidade. Hellinger (2014), elabora os princípios sistêmicos: a) ordem; b) pertencimento; c) equilíbrio entre o dar e o receber, que guarda relação com a teoria da reciprocidade proposta por Mauss.

Percebe-se a amplitude da hospitalidade contém em si vários outros conceitos, tais como, regras, acordos, diversidade, abertura para o externo, interação, conexão, reciprocidade, relacionamento, pertencimento, vínculo, empatia.

Engloba receber e dar abrigo a pessoas estranhas, desconhecidas, que vem de fora, com culturas e costumes diferentes, para conviver num mesmo espaço e contexto, por um tempo geralmente curto, e, ao mesmo tempo, lidar com as diferenças, com invasão do espaço, e acolher, sorrir, permitir entrar e oferecer apoio, para que se sintam confortáveis, tal como ou melhor do que se estivessem em suas próprias casas.

Então, nos meios de hospedagem, a hospitalidade deve ser a regra. Mas também comporta a inospitalidade e até a hostilidade, proveniente do medo, do desinteresse, da falta de vontade de relacionar-se com o outro, de manter contato, até mesmo para uma simples troca de palavras cordiais ou conversa. E a partir de diferentes reações, surgem os conflitos, fruto da hostilidade.

O convite é para olhar para o tema da hospitalidade sob o viés da gestão de conflitos, e, quem sabe, redescobrir o mundo a partir de uma lógica mais ampla e cheia de opções e oportunidades, em vez da escassez.

3. Gestão de conflitos

A inospitalidade leva ao conflito. A hotelaria é, por natureza, potencialmente conflitiva. O gerenciamento de um hotel pressupõe a organização de subsistemas interligados: hospedagem (recepção e governança), eventos, lazer, alimentos e bebidas, administração (gestão de pessoas, suprimentos, logística, financeiro, manutenção), marketing (oferta e comercialização). Todos estes subsistemas são interdependentes e precisam estar engrenados para que o hotel funcione, pois impactam entre si.

Os conflitos surgem porque muitas vezes as pessoas pensam, desejam, se comunicam e agem de variados modos numa mesma situação. E esperam que os outros ajam igual.

Cada pessoa é única, conforme seu contexto, história, experiências, características, fase de vida, que influencia sua reação quando algo sai diferente do que esperava. A vida é feita de escolhas, e as escolhas geram mudanças. As mudanças fazem parte da vida. É da natureza humana resistir às mudanças e, como as mudanças são inevitáveis, surgem os conflitos. Os conflitos refletem as mudanças, e as soluções reorganizam os conflitos. Assim, imprescindível compreender a dinâmica dos conflitos para otimizar sua gestão.

Ury, Brett e Goldberg (2009, p. 35-53), em estudo sobre resolução de conflitos no âmbito organizacional, propõem três abordagens num um sistema interdependente e integrado, incluindo basicamente três métodos, baseados em: a) força (no qual quem tem poder, impõe sua vontade, coage alguém a fazer algo que voluntariamente não faria, tal como ocorre numa situação de guerra, greve de fome, piquete); b) direito (em que se reconhece que uma norma, regra ou legislação é legítima e justa para definir quem tem razão, tal como ocorre no Poder Judiciário, na arbitragem, nos contratos, nos regulamentos internos das empresas); c) interesses (em que se busca uma solução que atenda aos interesses de todos, a partir da colaboração, tal como ocorre na negociação e na mediação).

Vislumbrando os meios de hospedagem, começamos a imaginar situações em que essas diferentes abordagens podem ser utilizadas, ora preponderando um método, ora outro.

Para encontrar a abordagem mais adequada a cada conflito, os autores analisam o impacto em relação a: a) custos decorrentes do conflito (que incluem custos diretos e indiretos, tais como tempo, dinheiro, energia emocional; custos de oportunidade, decorrentes da privação de bens ou direitos disputados, que indica o valor do benefício abandonado ao escolher uma alternativa em vez de outra, oportunidades perdidas; e custos de transação, aqueles envolvidos para obter informações, negociar, monitorar e fazer cumprir o contrato); b) satisfação com os resultados (atendimento dos interesses, percepção de ganhos mútuos, percepção de justiça sobre o conteúdo e sobre o procedimento, oportunidade de exprimir seu ponto de vista, capacidade de intervenção e de formulação de opções para solução); c) efeitos produzidos na relação (capacidade de manterem uma colaboração cotidiana futura); d) recorrência conflitual (capacidade de sustentar os acordos feitos, evitar conflitos e resolverem por si mesmos questões posteriores).

Concluem que o sistema mais eficiente é aquele que consegue progressivamente ter mais conflitos resolvidos com base nos interesses, em seguida no direito, e em menor número na força, utilizando-se os parâmetros mencionados.

4. Gestão de conflitos nos meios de hospedagem

No contexto dos meios de hospedagem, podemos observar conflitos em âmbito interno e externo.

Internamente, os conflitos aparecem nas relações presentes nos Conselhos, Presidência, Diretorias; entre equipes e departamentos de cada Diretoria; entre as diferentes unidades da mesma rede; entre o hotel e funcionários e colaboradores; entre hóspedes; entre prestadores de serviço dentro do hotel; entre o hotel e pessoas jurídicas dentro do hotel (lojas, cabeleireiro, spa); entre participantes de projetos dentro do hotel com parceiros e convênios; dentre outros.

Externamente, os conflitos aparecem nas relações presentes entre o hotel e entidades de classe (associações e sindicatos); entre hotéis; entre o hotel e o Poder Público; entre o hotel e fornecedores e prestadores de serviços; entre participantes de projetos externos com parceiros e convênios; entre o hotel e pessoas, condomínios e comerciantes da vizinhança; entre o hotel e policiais e seguranças; entre o hotel e visitantes; etc.

Em relação aos hóspedes, alguns pontos especialmente costumam gerar desconforto: falta de segurança física e patrimonial; sujeira; falta de manutenção ou equipamentos quebrados; demora ou ineficiência no atendimento; fila; tratamento inadequado ou descortês; diferença de expectativa; falta de compreensão ou escuta; abalroamento de veículo; furto.

Os temas mais comuns relacionados a conflitos são: contratos em geral (com agências de turismo; obras e construção; fornecedores; prestadores de serviços; hospedagem); contratos, autorizações e licenças relacionadas ao Poder Público; relacionamento (hóspedes; prestadores de serviços; colaboradores; fornecedores); questões ambientais; questões trabalhistas e de ambiente do trabalho; posse, propriedade e locação; marca, patentes e autoria; questões cíveis em geral; questões criminais (roubo, furto, lesão corporal, morte, armas, drogas, menores, etc.); questões relacionadas ao Estatuto da Criança e Adolescente.

Em rápida pesquisa de jurisprudência nos processos judiciais, é perceptível que causas comuns no âmbito da hospedagem estão relacionadas a questões de consumo e de segurança física e patrimonial.

As causas mais comuns envolvem: uso de piscinas; móveis quebrados; quedas; intoxicação alimentar; insetos e animais; queimaduras; roubos, furtos, guarda inadequada de bens; abalroamento de veículos; hóspedes trancados no elevador; violência física; falta de energia elétrica; acessibilidade; hospedagem de menor; ofensas; preconceito; desconformidade contratual; reformas; doença ou falecimento de hóspede; diferença sobre consumo e tarifa.

Trazendo como exemplo a experiência da hospedagem, o cliente normalmente escala os métodos de resolução, em busca de satisfação. O mais comum é que inicie com uma negociação direta, solicitando algo a quem estiver mais próximo ou entender competente para tanto, buscando uma forma prática e rápida de solução. Quando não é atendido, total ou integralmente, é comum que deixe uma reclamação por escrito, seja na avaliação do hotel, seja nas mídias sociais. Se ainda não se resolver, é possível que busque o serviço de atendimento ao consumidor e depois a Ouvidoria, às vezes também sites de reclamações. Até esta fase, ainda está em busca de uma negociação.

Se não consegue resolver, é bem possível que comece a buscar soluções que tragam algum efeito jurídico ou que contem com o apoio de um terceiro, como o PROCON, a conciliação e a mediação.

E se estes métodos ainda são insuficientes, é possível que busque solução imposta pelo Judiciário ou por arbitragem (mais comumente quando há cláusula contratual prévia, e que o consumidor tenha esclarecimento sobre o procedimento, esteja consciente da convenção e queira participar).

Para escolher o método mais adequado, é útil usar os critérios anteriormente elencados: a) custos decorrentes do conflito (qual método é mais barato?); b) satisfação com os resultados (por qual método provavelmente terei meus interesses atendidos?); c) efeitos produzidos na relação (qual método preserva ou melhora o relacionamento?); e, d) recorrência conflitual (qual método facilita a prevenção de conflitos futuros?).

7. Conclusão

A complexidade dos meios de hospedagem é potencialmente conflitiva. Muitas vezes a hospitalidade leva à hostilidade.

Há diferentes abordagens (força, direito e interesses) e métodos (negociação, mediação, conciliação, arbitragem e jurisdição estatal, dentre outros) para lidar com os conflitos.

Cada mecanismo é adequado a um determinado conflito em concreto, e o processo de escolha e tomada de decisão é influenciado por fatores pessoais, econômicos e sociais.

Os critérios propostos por Ury, Brett e Goldberg (2009, p. 35-53): a) custos; b) satisfação; c) efeitos na relação; e, d) recorrência conflitual, servem de norteadores para a escolha do método mais adequado para o conflito.

A identificação do melhor método, que contemple a complexidade dos meios de hospedagem, é importante para gerar eficiência e melhoria na experiência do cliente.

Referências

DERRIDA, J.; DUFOURMANTELLE, A. *Anne Dufourmantelle convida Jacques Derrida a falar de hospitalidade.* Rio de Janeiro: Escuta, 2003.

HELLINGER, Bert. *Ordens do amor: um guia para o trabalho com as constelações familiares.* São Paulo: Cultrix, 2014.

LASHLEY, Konrad; MORRISON, Alison (orgs.). *Em busca da hospitalidade: perspectivas para um mundo globalizado.* São Paulo: Manole, 2004 e 2005.

MAUSS, Marcel. *Ensaio sobre a dádiva.* Lisboa: Edições 70, 2015.

MONTANDON, Alain. *O livro da hospitalidade: acolhida do estrangeiro na História e nas culturas.* São Paulo: SENAC, 2011.

URY, William, BRETT, Jeanne, GOLDBERG, Stephen. *Resolução de conflitos.* Lisboa: Actual, 1993.

Capítulo 3

Os conflitos começam e terminam em você

Ana Lira

Este capítulo abordará o entendimento da formação dos conflitos a partir da interferência da construção fisiológica cerebral e dos processos emocionais aprendidos, possibilitando a responsabilidade por mediar, solucionar e até evitar conflitos por meio do autoconhecimento, autorresponsabilidade e do manejo de uma comunicação consciente e empática.

Ana Lira

Psicanalista, graduada em Gestão de Pessoas, com pós-graduação em Psicopedagogia. Certificada como: consteladora sistêmica integrativa, *master practitioner* em programação neurolinguística, *coach* estrutural sistêmica, *coach* criacional, analista de perfil comportamental, analista de perfil corporal, estruturação de reaprendizagem criativa. Docente por 14 anos dos cursos de graduação e pós-graduação de gestão de pessoal e de programação neurolinguística. Escritora, treinadora, palestrante, empresária premiada. Idealizadora do Instituto Ana Lira, co-Idealizadora do PPM Powerful & Positive Minds. Especialista em relacionamentos intencionais a partir do autoconhecimento.

Contatos
www.analira.com.br
contato@analira.com.br
Instagram: @analira.transformar
Facebook: analira
LinkedIn: Ana Lira Palestrante
YouTube: Ana Lira Transformar

Mapeando o instinto de preservação nas relações humanas. O impacto da fisiologia e do funcionamento cerebral no desencadeamento dos conflitos

> "Antes da aparição do cérebro, não existia nem cor e nem som no universo. Não existia sabores nem aromas e provavelmente poucas sensações e nada de sentimentos nem emoções. Antes dos cérebros o universo tampouco conhecia a dor e a ansiedade."
>
> Roger Sperry

Os conflitos estão numa instância além das divergências, onde há uma incompatibilidade e antagonismo declarado ou velado, despertando desconforto e perturbação nos envolvidos. Ao falarmos sobre conflitos, é provável que inicialmente surja um sentimento de repulsa e reprovação, mas para aprender a lidar tanto como mediador como protagonista, é primordial entender o porquê desse comportamento e qual a sua função.

Talvez ainda não tenha se dado conta de que, independentemente dos tipos de conflito e de suas proporções, todos eles têm início dentro de nós, tanto a nível fisiológico como emocional e psicológico.

Fisiologicamente, o nosso cérebro ainda possui uma grande porção primitiva, que busca pela preservação da vida, entender o seu funcionamento é o ponto de partida para mapear e adquirir estratégias assertivas para o manejo frente aos conflitos.

Ao longo da evolução, devido ao processo adaptativo, o cérebro humano adquiriu três componentes que foram se sobrepondo. O cérebro mais antigo é chamado cérebro reptiliano, é a parte mais primitiva e inicia seu desenvolvimento ainda no útero, sendo esta porção responsável pelas atividades mais primitivas e instintivas desde o nascimento até a fim da vida como: respirar, comer, dormir, acordar, chorar, urinar, defecar, ou seja responsável pelas funções autônomas do organismo e pelas reações de luta ou fuga.

Já o cérebro emocional ou límbico está localizado exatamente acima do cérebro reptiliano, no centro do Sistema Nervoso Central (SNC), e começa a se desenvolver a partir do nascimento e se forma por meio das experiências, sendo ele responsável pelo controle emocional dos seres humanos aferindo valores positivos ou negativos às vivências, desencadeando a percepção e visão de mundo de cada pessoa.

Vivências de forte impacto emocional ou que acionam o instinto de preservação ativam o sistema límbico, especificamente na região da amígdala, que tem a função de nos avisar dos perigos modificando o estado fisiológico instantaneamente devido à excreção de hormônios como a adrenalina e o cortisol, preparando o corpo para lutar ou fugir.

As duas partes do cérebro (reptiliano e límbico), evolutivamente mais antigas, registram as vivências, administra a fisiologia e identificam situações de perigo, de ameaça, cansaço, bem-estar, prazer, dor, bem como influenciam nas decisões que acionam essa porção cerebral.

Nesse momento, já é possível entender o porquê de algumas reações indesejadas, mesmo havendo consciência racional das consequências de uma atitude impulsiva.

E, por fim, o cérebro racional, o neocortex, é a parte mais jovem do nosso cérebro e é a que mais nos diferencia dos animais, pois essa porção cerebral é responsável por atividades ausentes nos animais, como percepção de tempo, planejamento, empatia, inibição e censura de ações, controle dos impulsos, e ponderação das consequência das ações.

Essa é a área anestesiada quando se faz uso de bebida alcoólica, por isso é comum as pessoas "perderem a noção do aceitável" e se desinibirem como se não houvesse amanhã ao beber.

Longe de ser uma desculpa para justificar as ações que acionam os comportamentos de conflitos, o conhecimento do funcionamento cerebral nos coloca em um lugar de consciência, e é a partir desse lugar que as escolhas conscientes, e não mais de vitimização, começam a surgir.

A relação com o mundo é construída primeiramente dentro de mim

Até aqui pudemos entender que os conflitos surgem quando alguma situação, aciona a porção mais primitiva e instintiva cerebral em busca de preservação e de sobrevivência, por uma intenção positiva. Mas, o que fazer e como agir diante dos conflitos sabendo desse movimento fisiológico?

Voltaremos para dentro, mais uma vez. Como dito no início do tópico anterior, os conflitos iniciam e terminam dentro de nós, tanto as causas como as soluções estão dentro de cada um. Existe um passo a passo sugerido no manejo dos conflitos e até mesmo para evitar que iniciem, porém de nada adianta seguir os passos externamente, e continuar remoendo o conflito internamente.

Da mesma maneira que todos os seres humanos possuem cérebros com porções primitivas, todos nós buscamos ser aceitos e amados, porém cada um a partir da sua construção de mundo interno usará a sua porção primitiva cerebral e buscará meios diferentes de se sentir amado e aceito.

Você enxerga o mundo a partir da sua construção de mundo interno que é único, por possuir um empilhamento de valores e importâncias conscientes ou inconscientes que você credita a tudo aquilo que escuta, enxerga e experimenta, e espera que o outro enxergue o mundo como você. Conforme o conceito com base na PNL (programação neurolinguística): mapa não é território. Cada um tem o seu mapa, não existe mapa certo ou errado e, sim, melhor, sendo este aquele que possui mais alternativas, ou seja, quanto mais eu aprendo, conheço e me responsabilizo, consequentemente enxergarei mais possibilidades para solucionar um conflito.

Mas como será o meu mapa de mundo?

Seja sincero consigo e responda de pronto cada uma das perguntas, registrando suas sensações e sentimentos ao ler cada uma delas. Perceba as alterações, mesmo que sutis do seu corpo. Sugiro que registre em uma folha ao invés de apenas pensar nas respostas. Registrar gera mais consciência.

- O que é imprescindível ter em uma relação?
- Do que você não abre mão nem mesmo por dinheiro?
- O que o deixa furioso?
-... é inadmissível!
- Pensando rápido, o que o faria sair com alegria da cama numa noite de muito frio?
- Quando você pensa em uma pessoa com muito dinheiro, que características usaria para descrevê-la?
- Fico inconformado quando...
- Família para você é...?
- Trabalho é...?
- Eu gostaria que as pessoas fossem mais...!
- Mulher é...
- Homem é...
- Casamento é...
- Filhos...
- Organização é...

- A pontualidade é...

Essas perguntas, aparentemente simples, são muito poderosas, pois dão pistas sobre os seus valores, crenças e sobre o seu modelo de mundo interno. Mesmo que não perceba, são os "óculos" que você usa para enxergar as pessoas e o mundo a seu redor. Diante de um conflito, quanto mais souber sobre você, seus pontos de vulnerabilidade (estado primitivo), menos inclinado estará a potencializá-lo.

Diversas vezes, os conflitos surgem antes mesmo de acontecerem efetivamente. Podem surgir em forma de desaprovação, condenação e exclusão, geralmente por conflitar com o seu modelo de mundo e, como vimos neste tópico, todos queremos pertencer (pertencimento é uma das leis básicas da Constelação Familiar), para que haja equilíbrio nesse sistema*, mesmo que em forma de conflito, todos os participantes de um sistema têm direito a pertencer.

*entende-se por sistema um conjunto de pessoas interligadas por escolha própria ou não. Ex: pessoas do trabalho, familiares, amigos da faculdade amigos da academia, condôminos do prédio etc.

Mapear suas sensações e reações ao mapear o seu modelo de mundo lhe fornece as ferramentas necessárias para lidar assertivamente com conflitos.

A comunicação pode criar pontes ou erguer muros

Não é o que está fora, mas dentro de você que gera suas emoções e seus pensamentos e ações.

Quando eu aprendo a nomear o que eu sinto e o que e desejo, estou pronto para compartilhar com o outro, me responsabilizando e previamente lembrando que mesmo que distintas das minhas, todos possuímos intenções positivas em nossas ações e nos relacionamos a partir do nosso modelo de mundo, porém sempre buscando ser aceitos e amados.

Ao responsabilizar o outro não só por suas ações, mas pelos meus sentimentos, estou no lugar de julgamento e vitimização, gerando um distanciamento e acionando a porção primitiva que busca preservação e defesa, afinal ninguém gosta de ser acusado.

Aprender a descrever o comportamento o distancia do julgamento, uma vez que o foco está na descrição e não no seu ponto de vista. Atenha-se a descrever apenas o que vê, ou seja, apenas o que pode ser filmado ou fotografado. Colocar o seu ponto de vista como uma verdade absoluta e impô-la ao outro é motivo suficiente para desencadear conflitos nas relações.

Ex: é possível filmar a raiva, a grosseria, e o desânimo? Não! Portanto, essas descrições são a sua impressão sobre o fato e não o fato em si.

Descreva as situações a seguir sem julgar:
Uma mulher berrando, brigando com uma criança.
Um rapaz carregando a bolsa de um idoso.

Vale a pena lembrar que as pessoas envolvidas em um conflito desejam atingir primeiramente os objetivo instintivos e os universais, mas racionalmente buscam defender o seu espaço, suas opiniões e o seu ponto de vista, a partir do seu modelo mental, mesmo que mentalmente usarão a comunicação nesse manejo, portanto destacar a importância da comunicação assertiva e intencional na mediação, solução ou prevenção de conflitos é de extrema importância

Todas as ações possuem uma intenção positiva, mesmo quando inadequadas ou impróprias, e como eu me comunico ao me relacionar comigo ou com o outro está ligado aos objetivos que eu desejo alcançar. Lembre-se de que a comunicação não se restringe à fala. As expressões corporais e a escrita também são. E quanto mais canais representacionais forem utilizados com congruência entre eles, a comunicação tende a ser mais eficiente e assertiva.

Vale salientar que os conflitos fazem parte das relações humanas devido à diversidade e às infinitas possibilidades de visão de mundo, porém com base nos pressupostos abordados neste capítulo, é possível mediar e até evitar os conflitos utilizando os recursos a seguir.

- Mapear constantemente a sua visão de mundo atrelada as suas crenças e valores, conforme sugerido no exercício anterior.

- Ter consciência dos seus pontos de vulnerabilidade, eles serão uma conexão direta com o seu instinto primitivo de preservação, quando acionados.

- Responsabilizar-se pelos seus sentimentos. Ninguém coloca sentimentos dentro de ninguém, eles são seus.

- Treine observar e descrever os comportamentos deixando de julgar, e expondo como se sente diante da situação.

- Tenha claro qual o seu objetivo com o conflito. Ex: quer receber um aumento, se sentir mais amada, ter mais liberdade, etc.

- Deixe que a(s) pessoa(s) envolvida(s) nos conflitos exponham como se sentem e o que esperam obter com o conflito.

- Nem sempre os envolvidos terão boa vontade para buscar uma resolução razoável, característica comum nos conflitos.

Lembre-se de que: as pessoas, assim como você, fazem as melhores escolhas que consideram possíveis no momento e por mais conflitante que possa parecer, todos nós desejamos apenas a felicidade!

Referências

DALGALARRONDO, Paulo. *Evolução do cérebro: sistema nervoso, psicologia, e psicopatologia sob a perspectiva evolucionista*. Ed Artmed.

DAVIDSON, Richard J e Begley, Sharon. *O estilo emocional do cérebro: como o funcionamento do cérebro afeta sua maneira de pensar, sentir e viver*. Ed Sextante.

ROSENBERG, Marshall B., *Comunicação Não-Violenta: técnicas para aprimorar relacionamentos pessoais e profissionais*.

SANTANA, Emília. *Constelação sistêmica familiar: as leis do amor*. Ed. Alfabeto.

VIEIRA, Paulo. *O poder da autorresponsabilidade: a ferramenta comprovada que gera alta performance e resultados em pouco tempo*, 8. ed, Ed. Gente.

VANDER KolK B.A. *The body keeps the score. Memory and the evolution psychobiology of posttraumatics stress. Harvard Review of Psychiatry.*

Capítulo 4

Correção da rota de vida por meio da doença

Andréa Kanashiro Cussiol

Descobrir que as doenças têm significados, mensagens implícitas, com o intuito de auxiliar o indivíduo numa fase de inquietude emocional e psicológica, é algo fascinante. Tal entendimento nos leva para além da visão clássica de que a doença é uma disfunção ou algo maligno. Neste capítulo, comento minhas compreensões sobre como a enfermidade norteia o resgate da saúde integral e da vida plenamente.

Andréa Kanashiro Cussiol

Farmacêutica Bioquímica, Mestre em Ciências Médicas pela UNICAMP. Professora universitária em cursos de graduação, pós-graduação e extensão. Cofundadora, coordenadora geral e docente do Instituto Vera Bassoi, atuando como Terapeuta e Consteladora Sistêmica desde 2014. Formação em Constelação Sistêmica; Constelação com bonecos para atendimento individual e de casal – técnica de Vera Bassoi®; Novas Constelações; Constelação Estrutural; Psicologia Transpessoal; 5 Leis Biológicas - Dr. Hamer ®. Gerente em Gestão da Qualidade Hospitalar; Diretora Técnica e Gestão Laboratorial; Microbiologista Clínica; Auditora Interna e Externa sob o escopo das normas: Organização Nacional de Acreditação (ONA), Prêmio Nacional da Gestão em Saúde (PNGS), Iniciativa Hospital Amigo da Criança (IAC) e Programa de Acreditação de Laboratórios Clínicos (PALC). Atuação como Membro do Controle de Infecção Hospitalar e Representante Técnica junto à Vigilância Epidemiológica e Sanitária de Sorocaba.

Contatos
www.institutoverabassoi.com.br
http://lattes.cnpq.br/3162828289036806
akcussiol@yahoo.com.br
Skype, Facebook e Instagram – Andréa Cussiol
(15) 98111-8113 - WhatsApp

H á milhões de anos, a natureza busca a propagação e a manutenção da vida, observada pelo incontestável instinto de preservação e evolução das espécies. Como é possível imaginar que a espécie humana desenvolve processos para causar dor, autodestruição ou até mesmo a morte?

Interessante observar que o ser humano é o resultado da evolução dos seres vivos na mais extraordinária perfeição. Seu organismo é constituído por mais de 50 trilhões de células, materiais genéticos, processos bioquímicos, múltiplos órgãos, sistemas, que funcionam numa impecável engenharia biológica.

A transmissão das características biológicas de pai para filho, ou seja, de geração em geração ao longo do tempo, é denominada genética. Esta área da biologia muito contribui, principalmente na decodificação dos genes dos seres vivos.

De forma complementar, a Epigenética explica que nem tudo está predestinado a ser de acordo com o código genético contido no DNA. Fatores externos ao organismo, tais como: alimentação, inter-relações sociais, situação financeira, uso de substâncias químicas (medicamentos, drogas, álcool), exercícios físicos, estresse, equilíbrio da rotina dia/noite, operam como moduladores, comandam a ativação (expressão) ou inativação (não expressão) de características e funções específicas contidas no gene. Durante a gestação, por exemplo, esses fatores externos conseguem afetar o feto, mostrando que padrões epigenéticos podem ser transmitidos aos descendentes.

Considerando que o genoma é o conjunto de genes de um organismo, o epigenoma é o conjunto de alterações químicas que dão instruções ao genoma de onde e quando os genes serão expressos.

Fazendo uma analogia, podemos comparar a Epigenética com o maestro de uma orquestra e, os genes com os músicos. Numa orquestra o maestro coordena a atuação minuciosa de cada músico e seu instrumento, considerando a individualidade e talento de cada um deles, produzindo de forma harmoniosa uma obra musical que é percebida pelo ouvinte na sua mais bela inteireza. A epigenética estuda a maestria dos mecanismos de regulação, que atuam por meio de substâncias bioquímicas reversíveis e herdáveis, que ativam ou não os genes, sem alteração do DNA original.

Na sua dissertação de mestrado, na área de Comunicação e Cultura, Vera Bassoi faz uma reflexão filosófica sobre a epigenética.

> A epigenética terá muito o que contar, num futuro a curto e a médio prazo, através dos corpos dos futuros descendentes dos fugitivos das constantes guerras na região do Iraque e da Síria, como também do Estado Islâmico e da Faixa de Gaza, que fogem da violência e da morte. Mais uma vez, agora na atualidade, o mar está sendo a última morada para muitos deles, para muitos... que estão naufragando e sendo envoltos pelo manto ondulante em tons de verde e azul, que se mistura com a cor do céu. Famílias inteiras chegam desfalcadas em alguma fronteira, na esperança da sobrevida. Imaginamos que nas grandes cercas de arame farpado, o que encontram é uma placa enorme, com letras garrafais, escrito: Você chegou ao mundo da incerteza. Livraram-se do naufrágio, mas não sabem se poderão suportar a fome, o frio, o escaldante sol, as doenças, os maus tratos, os medos, os traumas, o fantasma da morte. (BASSOI, 2016, p.114)

Desde que nascemos, aprendemos com nossos pais e familiares, a distinguir as dualidades, como por exemplo: o bem e o mal, o certo e o errado, a luz e as trevas, o masculino e o feminino, o divino e o demoníaco. Habitualmente, um dos lados é sentido por nós como desejado e o outro como indesejado.

Durante a vida enfrentamos várias mudanças bruscas ou alterações importantes do contexto cotidiano. Por meio de sensações e emoções percebemos as mudanças e nos conectamos com o meio ambiente onde estamos inseridos, reagindo de acordo com nossas vivencias prévias, crenças familiares, preceitos morais, culturais, religiosos, políticos e sociais. Sob esta ótica é possível perceber que cada indivíduo sente e reage, de forma diferente e particular, a cada experiência vivida.

As emoções, advindas da modificação do entorno, ou seja, do ambiente, emitem a seguinte mensagem: perigo ou segurança. Para os humanos, essa mensagem pode denotar algo concreto expressando reações instintivas semelhante à dos animais ou, reações e comportamentos subjetivos/metafóricos específicos dos seres ditos como racionais. Vamos além, as emoções funcionam como conectores entre o ambiente externo e interno do ser, atuando significativamente na regulação da vida.

Nas últimas décadas, um modelo inovador de psicoterapia fenomenológica se difundiu mundialmente por sua contribuição nas diversas áreas do conhecimento, conquistando a atenção de leigos, especialistas e acadêmicos. Falamos das Constelações Familiares, técnica sistematizada por Bert Hellinger, filósofo e psicoterapeuta alemão, que teve seu trabalho embasado em vários saberes científicos. Sob a luz dessa técnica o cliente não é um ser único e isolado, mas sim um membro descendente de um grande sistema familiar, constituído por várias gerações. A ancestralidade, a transgeracionalidade, os vínculos amorosos são fatores significativos neste trabalho.

O vínculo do ser com o seu sistema familiar tem um significado e propósito grandiosos. Jacob Schneider, no seu livro *A prática das constelações familiares*, diz o seguinte:

> Em virtude de nossa geração e de nosso nascimento, e pela necessidade que temos dos grupos para sobreviver e crescer, somos reciprocamente ligados nesses grupos, de um modo profundo e geralmente inconsciente. A força anímica que, precedendo qualquer amor pessoal, mantém unidos os grupos para gerar, sustentar e desenvolver a vida, é o amor de vínculo. Esse amor é uma força que provê a consciência moral, que está a serviço da sobrevivência do grupo e da transmissão e do desenvolvimento da vida, sem que precisemos pensar a respeito e planejar algo com essa finalidade. (Schneider, 2007, p. 27)

Hellinger, por meio de seus estudos e reflexões da atuação da consciência humana, compreendeu as ordens e desordens nas relações humanas e as designou de "As Ordens do Amor", também denominadas como "Leis do Relacionamento Humano".

Em seu livro *O amor do espírito*, ele dialoga sobre essas leis como condições preestabelecidas para os relacionamentos humanos.

> Entre as condições que nos são preestabelecidas para os relacionamentos humanos incluem-se: o vínculo, o equilíbrio, a ordem. Satisfazemos a essas três condições sob a pressão do instinto, da necessidade e do reflexo, da mesma forma como satisfazemos as condições do nosso equilíbrio físico, mesmo contra nosso desejo ou vontade. Essas condições são sentidas por nós como básicas porque as experimentamos simultaneamente como necessidades básicas. O vínculo, o equilíbrio e a ordem se condicionam e complementam mutuamente. Juntos, são experimentados como consciência. (HELLINGER, 2009, p. 24).

Como farmacêutica bioquímica com vivência de muitos anos no ambiente hospitalar, sempre me questionei:

Por que tantas pessoas adoecem? Por que muitas delas se entregam e valorizam, de maneira tão enfática, a doença? Por que a doença é sentida como crise e amedronta? Por outro lado, por que existem pessoas que dificilmente adoecem?

Há quase dez anos tive a oportunidade de conhecer as Constelações Familiares, onde encontrei o "fio da meada", ou seja, o caminho para as respostas. Minha visão se ampliou, me senti instigada a visitar e explorar a teoria das Constelações, bem como as ciências que precederam e alicerçaram este trabalho.

Descobri que os sintomas e as doenças têm significados, mensagens implícitas, com o intuito de auxiliar o indivíduo numa fase de inquietude emocional e psicológica, ao contrário da visão clássica de que a doença é uma disfunção ou algo maligno para o organismo.

Segundo Carl Gustav Jung (1875-1961), psiquiatra suíço e fundador da Psicologia Analítica, existe o *self* ou si mesmo, o que há de mais profundo no ser. No *self* está a ordem e a totalidade abrangendo, individualmente e coletivamente, o consciente e o inconsciente de forma complementar, sendo um mediador e gestor dos recursos e conteúdos do indivíduo. A função do *self* é de extrema importância, tendo em si a busca pelo autoconhecimento, autorrealização e a harmonia do ser consigo mesmo e com o mundo exterior.

O *self* se comunica conosco de diversas maneiras, uma delas é por meio de sintomas, que atuam como mensageiros a serviço de um chamado para a correção da rota do nosso roteiro de vida. As mensagens são instrumentos que nos fazem parar, pensar e analisar. Se a parada não acontece, os sintomas se transformam em doença. Como uma sábia ciência, os sintomas e doenças têm a missão de nos sequestrar da rotina do dia a dia e nos tirar do modo "piloto automático". Situações emocionais e psicológicas não resolvidas nos afastam da realização do nosso ser e do que realmente é saudável.

O indivíduo não vive isolado, pois todos nascemos dentro de uma família. O amor do vínculo familiar, muitas vezes nos faz adoecer. Pela amorosidade da nossa criança interior, que vive em nós independentemente da idade cronológica, é que nos vinculamos aos nossos pais e aos nossos ancestrais. Esse amor denominado "amor cego", por uma lealdade invisível, nos emaranha e nos impulsiona a resgatar e compensar, de forma inconsciente, histórias familiares de dor que contam sobre exclusões, separações, mortes prematuras, abortos, acidentes trágicos, suicídios, assassinatos, falências, injustiças, doenças graves e privações.

Para exemplificar, relataremos o caso de uma constelação em grupo que facilitamos. Na constelação em grupo, o cliente apresenta a questão que deseja trabalhar e, pessoas que estão presentes e nada sabem da vida da cliente, são convidadas a representar membros familiares e/ou emoções e demais elementos necessários para a resolução da questão da cliente.

A questão trazida pelo cliente foi de sintomas: como glaucoma, insuficiência renal e prótese de joelho, todos do lado esquerdo do corpo.

Pedimos para o cliente escolher uma pessoa para representá-lo e outro representante para a saúde integral. Observamos que o representante da saúde integral chorava apenas com o olho esquerdo, o que nos causou estranheza.

Sabemos, dentro da teoria da Constelação, que o lado esquerdo do corpo tem a ver com a mãe. Perguntamos ao cliente o que aconteceu com a mãe dele. Informou-nos que ela havia falecido quando ele tinha apenas três anos.

Quando acontece a morte prematura da mãe e/ou do pai, significa que a criança teve um movimento de amor interrompido, sentindo-se abandonada.

Para ressignificar essa sensação de abandono, pedimos ao cliente que escolhesse uma representante para a mãe. Em seguida, orientamos que ele se deitasse no colo dela e se sentisse novamente com três anos de idade, ficando o tempo suficiente para preencher o vazio que trazia no seu coração. Depois disso, sugerimos que o cliente dissesse para a representante da mãe:

— Querida mãe, você me fez muita falta. Eu passei a vida toda te procurando e, como eu não te encontrei, te trouxe para perto de mim por meio das doenças e sintomas que desenvolvi, inconsciente. Estou feliz por reencontrá-la, feliz por estar nos seus braços e sentir o seu amor por mim. Agora sei que você vive em mim, no meu coração. Compreendo que posso te honrar fazendo maravilhas com a vida que recebi de você. Desta maneira eu passo adiante o grande presente que recebi: a vida.

Ao final, perguntamos para o cliente, como você se sente agora.

Ele respondeu, com um largo sorriso: — me sinto leve, feliz e livre.

Hellinger diz que o amor que adoece é o mesmo amor que cura.

Referências

ARNT, R. LIIMAA, W. *As práticas integrativas quânticas: aplicabilidade da física quântica na área da saúde*. Ponto de mutação na saúde – vol. 5. Recife, 2017.

BASSOI, V. L. M. *Comunicação e pensamento sistêmico: um estudo sobre Constelações Familiares*, 2016.

HELLINGER B. *A cura*. 2 ed. Patos de Minas, Editora Atman, 2016.

HELLINGER, B. *O amor do espírito na Hellinger Sciencia*. Patos de Minas: Atman, 2009.

SCHNEIDER, J. R. *A prática das constelações familiares*. Patos de Minas: Editora Atman, 2007.

Capítulo 5

Usando a comunicação para enriquecer sua vida

Anna Rossetto

Neste capítulo você descobrirá que a maneira como nos comunicamos pode ser a solução para muitos dos conflitos que vivemos no dia a dia. A Comunicação Não-Violenta proposta pelo psicólogo americano Marshall. B. Rosenberg traz condições de aprimorarmos relacionamentos pessoais e profissionais dando espaço para a empatia e a autenticidade.

Anna Rossetto

Contoterapeuta, especialista em Contação de Histórias e Musicalização Infantil e bacharelada em Administração de Empresas. Além de facilitar grupos de Comunicação Não-Violenta como parte fundamental de seu trabalho, também é *Personal and Self Coach* e Reprogramadora Biológica. Mãe de dois meninos encontrou na comunicação empática e nos contos a possibilidade de resolver seus conflitos pessoais.

Contatos
www.contoterapia.com.br
anna@contoterapia.com.br
+44 07838 445 266

Levou um tempo para perceber que muito além da impaciência, o que eu sentia era um grande cansaço quando minha mãe falava que eu era muito agressiva ao falar - "Nossa minha filha, de onde vem tanta raiva?". Aquilo era exaustivo por vários motivos. Eu me sentia inadequada, uma má pessoa, me sentia excluída e frustrada de ter que falar e falar e, mesmo assim, qualquer que fosse o conflito da vez em nosso relacionamento, eu simplesmente não conseguia me fazer compreender. E além de não chegarmos em lugar nenhum, a situação se repetia vez ou outra. Como eu disse, frustração, cansaço, raiva.

Em um período exaustivo de início da maternidade, depois de dois momentos altamente estressantes pelos quais minha mãe passou e que não foram fáceis para ela nem para a família, decidi descobrir o que havia de errado nessa dinâmica entre nós. Os gatilhos de suas crises aparentemente vinham depois de conversas ou discussões comigo, quando ela demandava uma presença que eu não tinha para dar naquele momento da minha vida com duas crianças pequenas. Quando minha mãe chegava para nos visitar, o que de fato eu entendia era que, para mim, o número de dependentes emocionais aumentava. Aquilo pesava, eu tentava me expressar sutilmente sem saber como, depois com menos sutileza e finalmente a vontade era de gritar, e, embora algumas vezes não chegasse nesse ponto, outras vezes eu era sim, agressiva em minha fala, na ânsia de me livrar desse sentimento de sobrecarga, frustração e incompreensão.

Foi quando me lembrei que num certo dia, ao pesquisar sobre empatia, cheguei em algo chamado Comunicação Não-Violenta (CNV). Quando li a palavra violenta achei um exagero, afinal, eu não ameaçava ninguém fisicamente e não sendo esse o meu caso, acabei deixando aquilo de lado e procurando outra alternativa.

O tempo passou e a informação ficou guardada em algum lugar da minha mente até que ressurgiu por meio da minha necessidade de desenvolver uma escuta mais profunda em relação ao que as pessoas que me procuravam pelo meu trabalho terapêutico diziam. Eu não queria simplesmente chegar em um diagnóstico e encaixá-las em alguma caixinha com um determinado rótulo, como se elas estivessem fazendo alguma coisa errada de acordo com a técnica "x" ou "y". Uma das minhas necessidades na época era conseguir traduzir o que as pessoas estavam realmente sentindo e precisando, mas que não conseguiam expressar de forma clara, ao me procurarem para criar um conto que reprogramasse seus inconscientes com o auxílio das metáforas. Como dizia Carl G. Jung "Conheça todas as teorias, domine todas as técnicas, mas ao tocar uma alma humana, seja apenas outra alma humana."

E nessa busca para ser alma, a CNV surgiu novamente em minhas pesquisas. Dessa vez, além da curiosidade pessoal, havia também uma motivação profissional que me fez abandonar a resistência em relação à palavra violenta. Sendo assim, mergulhei nessa jornada pela escuta empática de mim mesma e do outro e confesso, precisei revisar meu mapa de mundo.

Ao descobrir que nossa comunicação era polarizada, *dual* e altamente rica em julgamentos e rótulos, finalmente percebi que de fato, eu poderia ser considerada uma pessoa violenta em minha fala. Darei um exemplo de como essa violência se constrói em nossos pensamentos. Imagine comigo a seguinte situação; faz dois dias que o corredor do prédio que você mora está com cheiro ruim e aquilo está tão tenebroso e parece tanto com cheiro de lixo que uma raiva começa a brotar em você toda vez que sai de casa e sente aquele cheiro. Você agora vai buscar descobrir a fonte e percebe que um dos vizinhos não levou as sacolas de lixo para fora. O que você pensa desse vizinho? Mal-educado, não? Onde já se viu a pessoa morar em um condomínio e não perceber que esse relaxo atrapalha os outros? Só sendo mal-educado e folgado mesmo. Viu, foi relativamente fácil descobrir que seu desconforto e sua raiva vinham do lixo que o vizinho mal-educado não levava para fora.

Ao buscarmos fora a fonte do nosso desconforto, temos um vasto vocabulário de palavras que rotulam, julgam e dicotomizam. Existem os certos e os errados, o positivo e o negativo, a adequado e o inadequado, o atencioso e o descuidado, o altruísta e o egoísta, o atencioso e o folgado. A lista poderia continuar e o nosso vizinho definitivamente se encaixa no lado negativo dos rótulos.

E quando de repente a relação com a minha mãe escapava para os meus pensamentos, eu percebia que na minha história, eu era inadequada e agressiva, minha mãe era egoísta e vitimista, e essa dinâmica de comunicação, tendo os rótulos como combustível para ressentimentos não nos levava a lugar algum a não ser para mais desconexão. Mas então, como me comunicar de uma forma que gerasse conexão nas minhas relações? Trazendo nossa atenção para aquilo que vai enriquecer nossas vidas, e, para isso, precisamos começar a falar de nós mesmos.

Sim, num primeiro momento pareceu estranho e um tanto individualista falar de mim nas conversas, mas depois do período de familiarização, é possível perceber que não só faz sentido como funciona. Dentro da sistematização dessa maneira de se comunicar proposta pelo psicólogo americano Marshall B. Rosenberg, a violência está nos julgamentos que expressamos na nossa linguagem do dia a dia. E já percebemos que nosso repertório para falar dos outros é farto, mas de repente, quando precisamos de palavras que descrevam o que estamos sentindo, precisando e o que pedimos que poderia enriquecer nossas vidas, acabamos limitados a algumas poucas palavras.

Para que eu possa dizer que alguém é egoísta e mal-educado, como o nosso vizinho hipotético, eu preciso estar em um lugar de juiz que assume que sabe tudo o que está acontecendo. E se estou nesse lugar de juiz do comportamento ou fala da outra pessoa, então o que estou levando em consideração para poder emitir tal opinião nada mais são do que meus juízos de valores. E quando falamos de juízos de valores percebemos que não existe um único peso ou uma única medida. O que para um pode ser inadequado, para outro pode ser adequado.

Em uma relação que baseia sua comunicação em uma linguagem rica de palavras que rotulam o comportamento e a atitude dos outros, e, tendo como fonte para a escolha dessas palavras nosso juízo de valores, que varia de pessoa para pessoa, não é à toa que as relações passam pelo desafio da desconexão. Para conectar com o outro e enriquecer minha vida, preciso começar a falar de mim. A CNV tem uma estrutura que o ajuda a chegar lá. São os quatro componentes da Comunicação Não-Violenta: observação, sentimentos, necessidades e pedidos claros. Vamos descobrir mais sobre eles?

Quando acontece algo que nos desagrada podemos avaliar esta situação ou podemos observar. Avaliar tem a ver com dizer que aquilo que aconteceu, ou se o que a outra pessoa falou ou fez, é bom ou ruim, de acordo com meus valores, por exemplo - "Maria trabalha demais!" Já observar tem a ver com descrever a situação com dados visíveis - "Maria passou mais de sessenta horas no trabalho essa semana".

Fazemos uma observação como quando descrevemos um quadro ou uma foto. Nesse contexto, não cabe dizer se a situação é boa ou ruim. Dizer que a Maria trabalha demais pode ser verdadeiro para os meus valores, mas para os dela pode não ser. Quando combinamos observação com avaliação as pessoas tendem a receber isso como uma crítica, erguem uma barreira protetiva entre si e a conexão que buscávamos para nos sentir melhor não acontece. Nesse sentido, procurar falar apenas sobre aquilo que podemos ver, ouvir, ou experimentar e evitar falar sobre o que se acha daquilo facilita nossa conexão. Em vez de dizer que a Joana é barbeira, diríamos que a Joana no trajeto entre a casa e o trabalho errou a marcha três vezes.

O segundo componente da CNV tem a ver com identificar e expressar seus sentimentos. É fato que a nossa educação valoriza a "maneira certa" de pensar o que acaba nos ensinando a estar direcionado para os outros. Mas você já percebeu o quanto é desafiador falarmos de nós mesmos de forma clara e autêntica? Para conseguirmos expressar o que estamos sentindo precisamos distinguir o que pensamos que somos - "Sinto que sou um mau violinista", daquilo que realmente estamos sentindo ". "Estou desapontado comigo mesmo como violinista". Também é importante distinguir como achamos que os outros reagem ou se comportam a nosso respeito, "Sinto-me insignificante para as pessoas com quem trabalho", daquilo que estamos sentindo, "Sinto- me triste e desestimulado".

Quando o que estamos sentindo ficou claro para nós, quando percebemos as emoções e sensações em nossos corpos e depois com a auxílio de nossa mente conseguimos traduzir isso em sentimentos sem suposições sobre se os outros não te compreendem, ou te ignoram, ou se você é insignificante e sim para sentimentos próprios de solidão, tristeza, frustração e desconexão, então, estaremos prontos para o terceiro componente da CNV.

O terceiro componente tem a ver com assumir a responsabilidade pelos próprios sentimentos ligando-os às suas necessidades. O que os outros dizem e fazem pode ser o estímulo, mas nunca é a causa de seus sentimentos. Seus sentimentos são resultados de suas necessidades. Se suas necessidades são atendidas, muito provavelmente vai experimentar emoções e sentimentos agradáveis. Se suas necessidades não são atendidas, então os sentimentos e emoções serão desagradáveis. Como somos educados para olhar o que está errado, acreditamos que é errado sentir raiva, frustração, inveja, rancor entre vários outros sentimentos. Acabamos buscando a fonte no estímulo, no fora, ao invés de buscarmos dentro, naquilo que estamos precisando e que não estamos conseguindo.

Digamos que marcamos de encontrar um amigo para uma sessão no cinema. Ele chega 30 minutos atrasado. Os seus sentimentos em relação à essa situação vão depender de suas necessidades. Se você precisava de alguns minutos de sossego do dia agitado, então o atraso do amigo pode te despertar alívio. Se você precisava de um tempo para se conectar com ele, então o atraso do seu amigo pode te despertar frustração, já que vocês vão entrar em cima da hora no filme. Agora se você precisava de um bom lugar para assistir ao filme muito provavelmente o que você vai sentir é raiva. Percebe que o fato do seu amigo chegar atrasado é o estímulo não a causa dos sentimentos? Os seus sentimentos vêm de suas próprias necessidades.

O último componente da Comunicação Não-Violenta fala sobre pedidos claros. Pelo mesmo motivo de termos sido educados para procurar fora onde está o erro, tendemos a pedir aquilo que não queremos. Focamos nossa atenção no que nos incomoda "Não fale tão alto com seu irmão?!", "Não fique me pressionando enquanto estou dirigindo!", "Não fale mal da minha mãe para mim vovó!". Isso apesar de ligeiramente útil não te garante conseguir o que você precisa para tornar sua vida melhor.

Vale a pena investigar o que você precisa que vai atender suas necessidades para então comunicar isso para a outra pessoa. Fazer um pedido claro, de preferência que esclareça qual ação você gostaria que a pessoa tivesse, possibilita uma comunicação mais clara e uma maior chance de conexão entre vocês. "Filha, fale mais baixo e de forma mais respeitosa com o seu irmão?", "Preciso de tranquilidade e silêncio para me concentrar enquanto dirijo, tudo bem?", "Vovó, gostaria que você me contasse coisas boas à respeito de minha mãe, como é isso para você?.

Mas preste atenção, se você não estiver disposto a ouvir uma resposta negativa da outra pessoa ao seu pedido, se você se engajar em argumentações para convencer a outra pessoa daquilo que você precisa, correndo o risco de a outra pessoa não atender as próprias necessidades em detrimento às suas, então você não está pedindo e, sim, exigindo. Sempre que ouvimos uma exigência na fala da pessoa tendemos a nos defender ou atacar, perdendo a conexão necessária para descobrirmos uma maneira de sustentar uma relação de ganha-ganha. Você faz um pedido ou uma exigência?

Desde que melhorei minha escuta profissionalmente com o auxílio da CNV, também melhorei minha escuta pessoalmente, minha relação com minha mãe mudou drasticamente para uma relação de empatia, autenticidade e conexão. O vizinho do nosso exemplo, no final das contas, não era mal-educado, ele havia sofrido um acidente de trânsito e não voltou para casa para levar o lixo para fora. Sua mãe, uma senhora muito simpática e preocupada, apareceu no final do terceiro dia e levou as sacolas de lixo. Pensando bem, já pensou o que poderia ter acontecido se eu não tivesse gastado minha energia e meus pensamentos rotulando o comportamento do vizinho? Provavelmente teria descoberto que poderia eu mesmo levar os lixos para fora atendendo a minha necessidade de um corredor mais agradável e teria poupado a hipotética mãe idosa desta preocupação. O que enriquece a sua vida?

Referência

ROSENBERG, Marshall B. *Comunicação Não-Violenta: técnicas para aprimorar relacionamentos pessoais e profissionais*, 4 ed. Editora Ágora, 2006.

Capítulo 6

Eliminando os conflitos no mundo corporativo

Bruno Machado Ladeira

Neste capítulo, trataremos de três formas simples e fáceis de diminuir e, até mesmo, eliminar os conflitos no mundo corporativo. A partir das dicas aqui apresentadas, você poderá ter uma equipe motivada e de alta *performance*. Abordaremos a inteligência emocional, o *feedback* corretivo e a importância de ser líder e não apenas um chefe para a sua equipe, pilares estes para ter uma equipe coesa, unida e motivada.

Bruno Machado Ladeira

Criador da Focal Coaching. *Master coach* em gestão de tempo, *personal & professional coach*, *business coach*, analista comportamental e líder *coach* formado pela Line Coaching. Palestrante de temas motivacionais, gestão de negócios e *neurobusiness*. Tem atuado no mercado corporativo para o desenvolvimento de lideranças e na reestruturação de pequenas e médias empresas.

Contatos
www.focalcohing.com.br
www.brunomachadocoach.com.br
contato@brunomachadocoach.com.br
(21) 98196-5810

No mundo corporativo é comum ocorrer conflitos, seja entre os colaboradores, principalmente em assuntos ligados à liderança que, muitas vezes, não se comunica de forma correta ou simplesmente perde a paciência ao tratar de assuntos mais delicados com seus liderados.

Com o mercado cada vez mais competitivo, é preciso que os coordenadores e gerentes tenham uma visão de líderes e menos de chefes. Sabendo guiar seus subordinados a um caminho que faz sentido para todos, e não apenas dar ordens de execução que muitas vezes perdem o sentido na linha de comando.

Neste capítulo, a abordagem será voltada aos líderes que por vezes não possuem uma boa comunicação na hora de cobrar ou até mesmo incentivar seus liderados. Costumo dizer que muito se deve a alguns fatores, como a falta de inteligência emocional, o não conhecimento sobre como aplicar um bom *feedback* e, por último e muito importante, a visão de que todos liderados devem seguir suas ordens sem questionar.

Existem fatores que são importantes destacar.

O primeiro é a falta de inteligência emocional, causando grande impacto e alto nível de estresse, devido à pressão por metas ou até mesmo por questões pessoas do líder.

O segundo pode ocorrer por um *feedback* mal aplicado, capaz de desmotivar ou até mesmo causar um impacto negativo no colaborador devido ao sentimento de humilhação ou de inferioridade que é passado, como se tudo que aquele colaborador fizesse estivesse errado.

O terceiro, e muito importante, vem do líder, muitas vezes um chefe, que delega ordens sem explicações, deixando sua equipe sem clareza sobre ordens a executar e sem uma ideia clara de determinadas ações ou metas.

Visando a melhora na relação e o aumento da produtividade, devemos diminuir conflitos e, se possível, eliminá-los dentro de uma empresa, seja de pequeno ou grande porte. Assim, diminuímos a rotatividade de colaboradores, o que contribui ao aumento de custos e demissões, contratações e treinamentos. Dessa forma, melhoramos a comunicação entre líderes e liderados, fazendo com que todos falem a "mesma língua" diminuindo o nível de estresse e construindo uma união entre todos. É muito importante criar um ambiente prazeroso, fazendo com que a produtividade e motivação de todos aumente. Esse conjunto de fatores, com certeza, melhora a qualidade de entrega, seja de projetos ou metas de sua equipe. Afinal, quem não quer uma equipe produtiva?

A inteligência emocional que aqui cito é uma forma de entender suas emoções antes de tomar qualquer ação. Uma forma de racionalização sobre o que sentimos. Somos compostos por emoções básicas que podemos expressar, e elas se misturam para criar as outras emoções. O grande problema é que acabamos agindo por impulso ao deixar essas emoções tomarem o controle e, sem perceber, passamos uma impressão de que podemos magoar as pessoas a nossa volta. O autoconhecimento torna-se fundamental nessa etapa, pois é preciso se conhecer para poder reconhecer quando isso acontece.

Muitas pessoas acabam tendo a impressão errada sobre o controle emocional, por vezes achando que devemos ser um robô e agir de forma fria, mas é exatamente o contrário, é sentir e, ao mesmo, tempo ter ciência do que se está sentindo. Um líder com alto nível de estresse pode se sentir cansado e com raiva por estar atolado de tarefas sem conseguir dar conta de tudo, gerando um sentimento de raiva e frustração, que facilmente será percebido pela sua equipe. Isso se deve à falta de controle sobre suas emoções? Não! Pois esses sentimentos são normais devido ao que está acontecendo com ele e provavelmente o líder está focado nos problemas e não em encontrar formas de solucioná-los. Um ótimo exemplo disso é um motorista preso no trânsito carregado de uma cidade grande que pode perder a paciência por ficar "martelando" a ideia de atrasos, de improdutividade naquele momento e até mesmo o estresse dos barulhos que o trânsito impõe sobre todos. Isso por que ao perceber as emoções borbulhando de dentro para fora não percebe que suas ações e pensamentos foram atraídos para aquela sintonia. Técnicas como respirar fundo e contar até dez, colocar uma música que agrade, ou até mesmo ouvir um *podcast* sobre algo que vai ajudar a diminuir a sensação de perda de tempo, ajudam a mudar o foco. Pois tudo se trata de foco!

Não é controlar uma emoção negativa, mas sim saber lidar com ela. Uma boa estratégia para lidar com colaboradores em um alto nível de estresse é deixar para depois. Esperar que o sentimento de raiva, medo e frustração diminua para poder realmente ter uma conversa com seu liderado, a fim de não impactar a pessoa com aquele sentimento negativo. No caso, adiar por cinco minutos uma conversa pode fazer total diferença. Meditação, música, uma conversa em frente ao espelho, são formas eficientes de mudar o foco e fazer com que um sentimento ruim diminua e não tome controle em suas ações. Sem inteligência emocional, um bom *feedback* não é possível, pois ao demonstrar descontentamento com uma ação incorreta de um colaborador pode ser crucial para que tudo desmorone. E após o *feedback,* o liderado se sinta pior e a conversa seja prejudicial para ambos. Onde entramos na segunda etapa desse capítulo. O *feedback* bem aplicado pode motivar ou desmotivar um colaborador. Serve tanto para corrigir um ato falho, como para motivar e impulsionar suas ações ainda mais, não apenas para punição, afinal todos podemos melhorar dando nosso melhor. Mas aqui vamos tratar do *feedback* mais complicado que é o de correção, pois ninguém gosta de ter a atenção chamada dentro da empresa e, nesse momento, é crucial ter uma boa postura para que seu liderado receba o *feedback* com um sorriso no rosto sabendo que tem capacidade para melhorar e corrigir seus erros.

Como citado anteriormente, devemos estar preparados e com controle sobre nossas emoções para não cometer alguns erros. Gritar, humilhar, sair apontando erros, diminuir a importância do colaborador como se fosse alguém descartável para a empresa. Ninguém se esforça se percebe que é dispensável, ainda mais tendo a impressão de que isso pode ser real. Esse é um dos erros que muitos cometem na hora de aplicar um *feedback*.

Para iniciar um excelente *feedback*, o líder deve saber todas as atribuições de sua equipe, para poder cobrar e indicar falhas cometidas, além de um bom conhecimento sobre o que cada um está fazendo. A supervisão é fundamental para conhecer os pontos fortes e pontos a melhorar par aplicar no *feedback*. Sem esquecer de que o *feedback* é pessoal e sempre deve ser aplicado de forma privada, sem a presença de outras pessoas. Muitos falham ao chamar a atenção na frente de outras pessoas e até de clientes, um erro clássico cometido por grande parte dos líderes. Imagine você como cliente e ouvindo um gerente esbravejar com um colaborador bem próximo. Que sentimento teria? Provavelmente, ficaria desconfortável com a situação e seria perceptível que o colaborador também estivesse se sentido, pois, como falei anteriormente, as emoções podem ser percebidas e isso gera um grande desconforto para todos à volta. Para quem recebe um *feedback* assim, é ainda pior, pois vai desmotivar e o sentimento que poderá surgir será o de humilhação seguido por raiva, e assim aquele colaborador pode se sentir incomodado e ficar marcado com um sentimento ruim a respeito de seu líder, perdendo o respeito e interferindo diretamente em sua produtividade dentro da empresa. Desse modo, ficará marcado em seu interior um sentimento de raiva por muito tempo e isso gerará grandes problemas, afinal os colaboradores conversam entre si e isso pode afetar toda a sua equipe.

Quando iniciar a conversa, comece falando sobre a importância da função e do que o colaborador tem feito. Seja verdadeiro em seu elogio, caso contrário será perceptível e causará uma desconfiança. Um elogio inicial mostra ao colaborador que ele é uma peça importante para a empresa, não importando a sua função, pois faz parte de todo um processo para a entrega de um produto ou serviço final.

Afinal, toda função bem executada garante uma ótima entrega durante todo o processo, sendo assim, um falso elogio causa desconforto e até a percepção de que o líder não sabe como está a entrega na função de quem recebe o *feedback*.

Mostre a importância e a qualidade de entrega. Tudo isso para deixar o colaborador mais à vontade e perceber mais uma vez que sua função é uma peça-chave.

Agora, a parte mais importante do *feedback* de ajuste, apontar uma falha, ou erro recorrente. Se for um erro recorrente, pode ser necessário novo treinamento o que pode ser indicado como falta de conhecimento ou até mesmo um certo desleixo por parte do colaborador. Rever as obrigações que deveriam estar sendo realizadas para contrabalancear um ponto negativo e mostrar que a atividade está sendo realizada de forma errada. A falta de treinamento ocorre muito quando a contratação é feita de forma errada, mas pode ser contornado com um acompanhamento ou até mesmo um treinamento separado para melhorar sua *performance*.

Por questão de faltas ou atrasos, vale a pena ressaltar que, quando isso acontece, um outro colaborador acaba sendo sobrecarregado, o que atrapalha todo processo e, no fundo, não queremos atrapalhar os amigos de profissão. Ressaltando isso de forma amigável, o colaborador se sentirá parte de toda uma equipe percebendo sua importância.

A última fase do *feedback* é muito importante, consiste em reforçar o elogio dos acertos, pois muitas vezes focamos apenas nos erros e os acertos passam desapercebidos. Ressaltar a importância do colaborador e seus esforços, mostrando que suas falhas são pequenas e podem ser corrigidos para melhorar a sua produtividade e continuar com o ótimo trabalho que vinha fazendo.

Encerrar o *feedback* dessa forma resultará em uma receptividade positiva que, além de corrigir um ato falho, motivará o colaborador a não cometer esses erros. Uma equipe que sabe sua importância e está motivada produz mais e melhor.

Para finalizar este capítulo, ressalto que um líder não é apenas um chefe. O líder caminha com sua equipe passando conhecimento, seja com treinamentos ou ajudando em determinadas tarefas realmente necessárias, além de fazer uma supervisão do que tem sido realizado com o acompanhamento de perto. A forma mais eficaz de fazer isso é conhecer cada colaborador, sendo um líder presente e, ao mesmo tempo, conhecendo os pontos fortes e a desenvolver de cada um. Uma forma de fazer o acompanhamento é por meio de reuniões rápidas e objetivas, com questionário para que sua equipe possa ter um diálogo direto. Isso pode ser feito de forma anônima para conhecer as dificuldades e o que pode ser feito para obter melhorias. Treinamento constante para aperfeiçoamento e até mesmo para obter mais conhecimento é uma forma de motivar a sua equipe.

O líder sabe que sozinho não chegará a lugar algum, ele acompanha sua equipe de perto, sabendo que o grupo é uma unidade coesa e, por isso, comemora junto os resultados e metas atingidas. Passar conhecimento é ter uma equipe preparada para as adversidades e capacitada para crescer. Mas isso vem apenas do compartilhamento das metas e do que realmente se quer alcançar com todos, para que caminhem em uma única direção.

Um chefe dá ordens e cobra, se afastando de sua equipe e deixando que todos façam da forma que querem, muitas vezes não existindo um padrão no que deve ser realizado e sua equipe fica às escuras. Sem saber para onde a empresa está caminhando, como em uma maratona, em que cada um corre por si, enquanto todos deveriam correr como uma equipe coesa.

Tenha controle emocional, saiba aplicar um *feedback* motivador para corrigir falhas e seja um líder de verdade. Essas três peças-chave, sendo seguidas com precisão e maestria, eliminarão quase todos os conflitos dentro do mundo corporativo e ainda farão com que o líder seja respeitado e a equipe unida. Um líder será tratado com respeito e exaltado como um modelo a ser seguido, uma referência pela sua equipe pelos seus atos praticados com humanidade e humildade. Todos vão querer trabalhar com ele, pelo simples fato de criar um excelente ambiente e alcançar excelentes resultados.

Capítulo 7

Formas alternativas de resolução de conflitos

Caique Pires Lima

Neste capítulo, trataremos sobre as formas alternativas de resolução de conflitos, ou seja, os meios que não necessitam do poder judiciário. Após conhecer os institutos que apontaremos por aqui, você poderá em uma eventual lide, quando possível, buscar a resolução do seu problema sem precisar depender da morosidade do judiciário. Abordaremos a conciliação, mediação, arbitragem e a transação, todos importantes meios para resolver de forma rápida e eficaz os conflitos vivenciados.

Caique Pires Lima

Advogado graduado pelo Centro Universitário das Faculdades Metropolitanas Unidas - FMU. Pós-graduando em Direito Tributário pela Pontifícia Universidade Católica de São Paulo - PUC-SP e palestrante. Em sua trajetória profissional, atua como consultor jurídico.

Contatos
adv.caique@outlook.com
Instagram: @adv_pires
WhatssApp: (11) 96930-0330

O conflito é uma situação em que, duas ou mais pessoas incorrem em algum tipo de desentendimento e a causa que o inaugura pode ser das mais variadas, bastando haver duas pessoas ou mais, e um interesse divergente, presentes esses elementos estaremos diante de um conflito, e este pode ser temporário ou permanente, definitivo ou não, todavia sempre será causado por uma colisão de interesses e por algumas vezes até pode gerar lesão física. O autor Eduardo Kucker Zaffari entende ainda que trata–se de um fenômeno natural, ao qual todos os seres vivos ficam sujeito a lidar, não importando como parâmetro o tipo de manifestação gerada por intermédio do conflito[1].

A palavra conflito, entre duas de suas muitas designações retrata, "Falta de entendimento grave ou oposição violenta entre duas ou mais partes" e "Encontro violento entre dois ou mais corpos; choque, colisão", conforme o dicionário online Michaelis[2], no entanto, tal palavra é muito mais ampla e desdobra em várias situações fáticas, como por exemplo: conflito armado, conflito de interesses, conflito de leis, conflito de trabalho, entre tantos outros. O conflito não deve ser enxergado somente de forma negativa, pois existe junto com a vida, e é impossível existirem apenas relações plenamente consensuais, cada indivíduo é dotado de uma peculiaridade, de uma filosofia de decisões que é composta por meio das várias experiências vivenciadas no decurso de sua trajetória, consequentemente as vontades e anseios não serão sempre iguais[3].

Por diversas vezes os conflitos são levados ao judiciário, pois as partes não conseguem chegar em uma resolução pacífica, e caberá ao Estado exercer o poder coercitivo que a ele é destinado para solucionar a lide,

---

1 Zaffari e Kucker, E. 2018, p.16, *Solução de conflitos jurídicos*, Porto Alegre.
2 https://michaelis.uol.com.br/moderno-portugues/busca/portugues-brasileiro/conflito/, acesso em: 05 de set. de 2019.
3 VASCONCELOS e de, C. 2018, p.1. *Mediação de conflitos e práticas restaurativas*, 6 ed., São Paulo.

trazendo a pacificação social. Entretanto, nem sempre está função foi delegada ao Estado, houve um tempo em que prevalecia a vontade do mais forte, mais bruto, ou até mesmo do mais esperto, nesse período não havia normas prescritivas de condutas, ou seja, as leis. O primeiro código que visou tutelar a paz social e a resolução de conflitos advém da Mesopotâmia, o famoso Código de Hamurábi, conhecido por ser fundamentado na lei de talião, que consistia na reciprocidade do crime e da pena, ou seja, "olho por olho", "dente por dente". Este Código é datado de aproximadamente 1772 a.C., teve grande contribuição para a resolução de conflitos e o mundo jurídico, visto que, mesmo sendo uma norma extremamente rígida e focada apenas na aplicação da sanção, pois com o princípio da reciprocidade não há a eliminação do problema social, apenas nutrição do desejo de vingança, consagrou o fim da autotutela, de modo que a lei passou a regulamentar as condutas e não mais sobressaia a vontade do mais forte, passando então a vigorar um Código a ser seguido e a tutela dos direitos e deveres ser destinada ao Poder Estatal.

Explanado sucintamente o conceito de conflitos e seus desdobramentos, trataremos de algumas das possíveis formas de resolução, a começar pela mais tradicional, a Jurisdição Estatal, mais adiante abordaremos da Arbitragem, conciliação, mediação e transação, que são formas alternativas de resolução de conflitos.

Jurisdição

A jurisdição é o meio que é atribuído ao Estado para solucionar conflitos. Qualquer pessoa, que perceber seu direito ameaçado ou lesado poderá provocar ao judiciário, conforme enunciado no artigo 5°, inciso XXXV, da Constituição Federal 1988, vejamos o texto, "a lei não excluirá da apreciação do Poder Judiciário lesão ou ameaça a direito[4]", ou seja, a atividade Estatal está compelida as apreciações de todos os atritos que a ela forem demandados, por força do princípio da inafastabilidade. A jurisdição consiste em uma atividade Estatal a qual irá substituir a vontade das partes litigantes aplicando o direito, será buscada para os casos em que as partes não conseguirem solucionar seus conflitos no âmbito extrajudicial.

A jurisdição possui algumas características próprias e dentre elas podemos destacar:

---

4 http://www.planalto.gov.br/ccivil_03/constituicao/constituicao.htm; acessado em: 06/09/2019.

- **Unidade:** mesmo diante da vasta extensão territorial do Brasil, a jurisdição deve ser aplicada de forma uniforme. No entanto, pode haver divisões por matérias específicas ou território como, por exemplo, a Justiça Estadual, Justiça do Trabalho, Justiça Federal, não significa que não há unicidade, apenas uma divisão para melhor acolher as demandas.

- **Lide:** como abordado anteriormente, trata-se de um conflito interesses, ou seja, desentendimento entre duas pessoas ou mais quando umas das partes tem uma pretensão resistida pela outra.

- **Monopólio**: a jurisdição cabe somente ao Estado, pois esse é parte legítima para proceder com a substituição da vontade das partes, no entanto, essa característica é relativa, visto que a vontade das partes poderá também ser substituída por procedimento arbitral, de acordo com a lei 9.307/1996, trataremos com mais detalhes adiante.

- **Substitutividade:** o juiz natural de forma imparcial irá substituir a vontade das partes realizando a aplicação do direito.

- **Imparcialidade:** o poder jurisdicional do Estado decorre da lei, desse modo, ao decidir sobre o conflito não poderá usar critérios subjetivos, devendo tão somente se firmar no direito e, ainda, os membros julgadores não podem ter nenhum tipo de interesse na lide.

- **Inércia:** a jurisdição não atua de ofício, é necessário que haja a provocação do Poder Judiciário, em outras palavras, aquele que sofreu ameaça ou lesão de direito para que tenha sua demanda apreciada deve "bater nas portas do judiciário".

- **Definitividade:** as decisões do Poder Judiciário a partir do trânsito em julgado tornam-se definitivas e via de regra não poderão mais ser alteradas, visando a segurança jurídica e pacificação social.

Ocorre que, por vezes, o Estado não consegue trazer as soluções em tempo célere para os conflitos, prolongando a indecisão e o desgaste das partes, por isso, quando possível pode ser adotado outras formas de resolução de conflitos em alguns casos, a depender do objeto discutido, falaremos agora sobre o instituto da arbitragem.

Arbitragem

A arbitragem é regida pela Lei n° 9.307/1996, em seu artigo 1°, podemos extrair sucintamente o conceito desse instituto, o qual nos relata que a arbitragem poderá ser um meio para dirimir litígios relativos aos direitos patrimoniais disponíveis, e ainda que, somente pessoas capazes poderão utilizar deste recurso para solução de conflitos[5]. Nesta modalidade, assim como na Jurisdição Estatal, pode ocorrer a substituição da vontade das partes, que mediante o conflito, têm a possibilidade submeter o desentendimento a um juízo arbitral, mediante convenção de arbitragem, que poderá se efetivar por cláusula compromissória ou compromisso arbitral.

- Cláusula compromissória: é inserida no contrato de forma escrita e expressa, nesta cláusula as partes estimulam que todo conflito oriundo do objeto celebrado será resolvido pela justiça arbitral, podendo ainda ser assinada em documento separado, mas fazendo menção ao contrato principal, ou seja, é uma manifestação de vontade anterior ao conflito.

- Compromisso arbitral: diferentemente da cláusula compromissória, está de modalidade também dever ser expressa e por escrito, no entanto, não há a necessidade de manifestação anterior, as partes poderão estipular a Justiça Arbitral para solucionar a sua lide, desde que o direito seja patrimonial e disponível.

Importante destacarmos uma forte característica da Justiça Arbitral na qual a Sentença Arbitral também faz coisa julgada, e se condenatória, constitui título executivo judicial, desde modo, via de regra não é possível recorrer da decisão arbitral, o que traz mais celeridade para a resolução do conflito.

Conciliação e mediação

Embora pareçam ser sinônimos, conciliação e mediação são dois institutos diferentes e merecem ser estudados de forma apartada. Ambos os métodos anteriormente citados visam a autocomposição das partes para que o problema seja erradicado, mas diferentemente da Jurisdição Estatal e da arbitragem o Conciliador e Mediador não possuem poder de decisão sobre o litígio, logo não há a substituição da vontade das partes. Podemos perfeitamente extrair os seus conceitos do Código de Processo Civil de 2015, em seu artigo 165, parágrafos 2º e 3º, respectivamente, vejamos:

- Na conciliação, o conciliador é um terceiro que irá propor alternativas ao conflito e realizar sugestões, propostas. Preferencialmente, o escolhido não deve ter vínculo anterior com os indivíduos conflitantes. No entanto, não há conciliação se os litigantes não aceitarem as ponderações, visto

---

5 http://www.planalto.gov.br/ccivil_03/leis/l9307.htm; acessado em: 09/09/2019.

que o conciliador não detém do poder coercitivo da decisão estatal.

- Já na mediação, o mediador é um terceiro que não realiza nenhum tipo de proposta de transação, ele é totalmente neutro e imparcial, atua somente como um facilitador do dialogo das partes litigantes, para que estas possam compreender quais são as questões que envolvem a disputa e restabelecida a comunicação busquem uma solução consensual que traga benefício para ambas, nesta segunda modalidade é preferencial que o mediador tenha vínculo anterior com os conflitantes[6].

As formas alternativas de resolução de conflitos possuem tamanha relevância que inovou o legislador com o advento do Novo Código de Processo Civil de 2015, trazendo uma prescrição clara e objetiva em seu artigo 1º, parágrafo 3º, para que os juízes, advogados, membros do ministério público e defensores, estimulem a conciliação, mediação e outras formas consensuais de resolução de conflitos, inclusive no curso de processo judicial[7].

Transação

Outra modalidade alternativa de resolução de conflitos é a transação. No instituto podemos observar que é plenamente possível que havendo um conflito de interesses as partes busquem entre si a resolução, porém, para isso, é imprescindível que ambas cedam em alguns pontos, afim de que o acordo seja benéfico para todos os litigantes, ou seja, é o negócio jurídico em que os interessados por concessões recíprocas, colocam fim a um conflito. A sua previsão está no artigo 840 e seguintes do Código Civil de 2002, essa modalidade possui inúmeras vantagens, dentre elas podemos destacar a celeridade, visto que, por não depender da jurisdição estatal, a resolução do conflito se dá de forma muito mais rápida, assim os litigantes se vêm livre deste desentendimento, outro ponto importante a se frisar é a respeito da substitutividade da vontade das partes, pois na autocomposição as partes que mostram suas vontades e o que estão dispostas a "abrir mão" para ocorrer o acordo, ou seja, suas vontades não são substituídas, diferentemente se esse conflito for levado ao judiciário ou a decisão arbitral, em que as partes estarão sujeitas a sentença.

---

6   http://www.planalto.gov.br/ccivil_03/_ato2015-2018/2015/lei/l13105.htm; acessado em: 06/09/2019.

7   http://www.planalto.gov.br/ccivil_03/_ato2015-2018/2015/lei/l13105.htm; acessado em: 08/09/2019.

Conclusão

Podemos concluir que o conflito faz partes da essência humana, e no decorrer de nossa vida não conseguiremos se esconder dele, no entanto, o importante é procurarmos as formas mais adequadas para lidar com as divergências. Compreendemos que existem duas formas de resolução de conflitos; a autocomposição que abarca a mediação, conciliação, transação, e a denominada de heterocomposição as quais pertencem a jurisdição estatal e a arbitragem. As vantagens da autocomposição estão principalmente ligadas a celeridade, os problemas são resolvidos de forma ágil e rápida, de forma diversa do que ocorre na jurisdição estatal, e ainda, podemos elencar como outra vantagem, a vontade das partes ser plena no momento do acordo. Quando estamos diante da heterocomposição, ocorre o fator surpresa, os litigantes não sabem qual vai ser o teor da decisão, o único fato de que tem conhecimento é de que serão compelidos a cumprir a decisão, visto que são vinculados a ela.

Referências

BRASIL. *Lei nº 13.105, de 16 de março de 2015. Código de Processo Civil.* Disponível em: <http://www.planalto.gov.br/ccivil_03/_ato2015-2018/2015/lei/l13105.htm>. Acesso em: 8 de set. de 2019.

BRASIL. *Constituição da República Federativa do Brasil.* Disponível em: <http://www.planalto.gov.br/ccivil_03/constituicao/constituicao.htm>. Acesso em: 6 de set. de 2019.

BRASIL. *Lei nº 9.307, de 23 de setembro de 1996.* Disponível em: <http://www.planalto.gov.br/ccivil_03/leis/l9307.htm>. Acesso em: 9 de set. de 2019.

CONFLITO in: *Dicionário Michaelis.* Disponível em: <https://michaelis.uol.com.br/moderno-portugues/busca/portugues-brasileiro/conflito/>. Acesso em: 5 de set. de 2019.

JUNIOR, H. T. *Código de Processo Civil.* Rio de Janeiro: Forense, 2019.

SCAVONE JUNIOR, L. A. *Arbitragem mediação, conciliação e negociação.* Rio de Janeiro: Forense, 2019.

VASCONCELOS, C. E. *Mediação de conflitos e práticas restaurativas.* São Paulo: Forense, 2017.

ZAFFARI, E. K. *Solução de conflitos jurídicos.* Porto Alegre: Sagah, 2018.

Capítulo 8

A Constelação Familiar como caminho para soluções

Claudia H. Sigolo

Quando olhamos de forma consciente para o Sistema Familiar na busca de soluções para conflitos pessoais e interpessoais, o Universo retribui com mudanças na nossa vida. De forma responsável e respeitosa, a Constelação Familiar nos permite restabelecer as ordens do amor antes desestruturadas e, a partir daí, realizar projetos com alegria e êxito.

Claudia H. Sigolo

Especialista em Mediação de Conflitos pela EPM, Adv OAB/SP 229.528. Diretora da Mediação *Coaching* e Treinamentos, empresa especializada no desenvolvimento humano na Missão de desenvolver Empresas e pessoas nas competências de liderança, inteligência emocional e gerenciamento do stress. *Master Coach*, Hipnose Ericksoniana e Facilitadora de Constelações Familiares com Formações nacionais e internacionais. Adm. de Empresas e Direito pela UNIVEM; Pós-graduada em Direito e Processo do Trabalho e em Métodos Alternativos de Resolução de Conflitos; *Coaching* e *Assesment* IBC e pelo Behavioral Coaching Institute, European Coaching Association, Liderança e *Coaching* em Ohio, Formação em *Coaching* e PNL com Jonh Grinder NLP Academy em Portugal. Com 5500 horas de atendimento individual de *coaching*. Formação em Constelação Familiar Espaço Holístico Marta Braga. Professora EAD na Unimar - Universidade de Marília na competência de *Coaching*. Dias Internacionais Hellinger Sciencia na Alemanha 2018 e 2019.

Contatos
mediacaotreinamentos.com.br
claudia@mediacaotreinamentos.com.br
Instagram: claudiamastercoach
(11) 98923-8243

Nos tempos atuais, os conflitos pessoais e interpessoais que cada vez mais nos afligem pedem soluções sérias e assertivas na condução de resoluções diante de tantas dificuldades vivenciadas. Tais problemas são sistêmicos, pois estão interligados e são interdependentes. Vamos analisá-los:

Conflitos pessoais: envolvem baixa autoconfiança, improdutividade, indecisão e desilusões afetivas.

Conflitos judiciais: podem ter relação com alienação parental, guarda de filhos, separação, divórcio, herança, demandas trabalhistas e justiça restaurativa.

Conflitos de saúde: indivíduos com síndrome do pânico, depressão, bipolaridade, esquizofrenia, tendências suicidas, Alzheimer, perda de memória e compulsão de todas as ordens, entre outras doenças.

Conflitos pedagógicos: envolvem transtorno de déficit de atenção e hiperatividade (TDAH), baixa retenção de memória e distúrbio do processamento auditivo central, por exemplo.

Conflitos empresariais: baixa resiliência profissional, falta de engajamento na empresa, improdutividade, falta de proatividade e/ou de foco e perda de retenção de talentos por parte do gestor.

Conflito de ordem do mundo animal: animais de estimação acometidos por câncer e outras doenças humanas.

A fim de auxiliar na resolução desses conflitos, existem muitas ferramentas idôneas e respeitadas, e algumas delas eu utilizo na aplicação em conjunto com as Constelações familiares. Na verdade, a Visão Sistêmica –abordagem em que se enxerga o indivíduo como um ser integrado ao sistema familiar ao qual ele pertence – pode e deve ser aplicada multidisciplinarmente às demais técnicas de resolução de conflitos. Assim, neste artigo, compartilho a técnica da Constelação Sistêmica Familiar sob a ótica dos conflitos pessoais e interpessoais.

A Constelação Sistêmica Familiar é um método terapêutico, com abordagem sistêmica fenomenológica desenvolvida pelo psicoterapeuta alemão Bert Hellinger, a quem eu respeitosamente reverencio e honro. Trata-se de um método vivencial-teórico cujos estudos permitiram que Hellinger descobrisse as leis que governam a nossa vida e o nosso destino e que opera sob certas ordens que o psicoterapeuta denominou de "Ordens do Amor", que são os princípios reguladores que ordenam o fluxo evolutivo dos sistemas familiares.

Segundo Hellinger, as três leis que regem a Constelação Familiar são a Lei do pertencimento, a Lei da compensação e a Lei da ordem. Segundo a Lei do pertencimento, todos os membros pertencem à família, incluindo filhos abortados, loucos, pais, avós e todos os ancestrais. Já a Lei da compensação rege que nas relações matrimoniais, deve haver equilíbrio entre o dar e o receber do casal. E por fim, segundo a Lei da ordem, deve ser respeitada a precedência de quem chegou primeiro à família, preservando-se, assim, a ordem das pessoas dentro do sistema familiar.

Quando uma dessas leis é violada, pode ocorrer o que chamamos de "emaranhados", que são conflitos familiares, doenças ou outras dificuldades de relacionamento. Além disso, questões mal resolvidas na história da família tais como perdas precoces e rupturas podem influir, ainda que de forma inconsciente, no comportamento dos descendentes, levando-os a preservar padrões destrutivos.

O membro familiar que adota a repetição de padrões exerce aquilo que a Constelação chama de "lealdade invisível", conceito que está relacionado à justiça familiar. Para cada família, existem regras de lealdade de um sistema que determinam o lugar e o papel de cada um e suas obrigações familiares. Trata-se de padrões que recebemos de nossos pais e transmitimos aos filhos, mas que também foram transmitidos aos nossos pais. Esses padrões de comportamento que exercemos à fiel obediência às leis, às regras, aos valores e às crenças da família são nós (os emaranhados) que inconscientemente criamos para compensar o pertencimento ao sistema familiar.

Quando olhamos o problema na constelação e visualizamos que estamos exercendo a lealdade invisível como forma de compensação, deixamos respeitosamente para os nossos ancestrais a história que pertenceu a eles e ficamos livres para viver a nossa própria história. Assim, abandonamos a lealdade invisível e passamos a respeitar e honrar os antepassados.

Nesse contexto, a Constelação Familiar é também eficaz na identificação de qual lugar estamos nos posicionando na vida. Na maior parte das Constelações, é frequente a incidência de filhos fora do seu próprio lugar e que ocupam posições de pais dos próprios pais. Tomar consciência dessa situação traz leveza, harmonização e paz entre pais e filhos, retoma o fluxo natural da vida para seguir adiante com prosperidade e a vida passa a ter significado.

É necessário conhecer, respeitar e atuar segundo essas ordens para fluir em direção à saúde e à vida. Caso contrário, o fluxo evolutivo pode se desviar, conduzindo ao sofrimento repetitivo, às doenças, ao insucesso, à infelicidade e à morte.

Como funciona na prática

A Constelação Familiar, também chamada de movimentos da alma, mostra claramente os padrões de conduta repetitivos que persistem ao longo das gerações de maneira inconsciente. Inconscientemente, podemos ocupar lugares e destinos de outras pessoas de nossa família e da história familiar e dificuldades de vários tipos e graus, desde problemas emocionais a doenças físicas e mentais.

Sobre a prática da constelação, no início de seus estudos, Bert Hellinger percebeu que, num trabalho em grupo, ao colocar pessoas para representar membros da família ou um grupo social de um indivíduo, elas que nada sabiam desse cliente movimentavam-se e apresentavam reações reveladoras sobre o que estava de fato acontecendo naquela família ou grupo social.

Assim, na constelação em grupo, o cliente apresenta ao Facilitador de Constelação Familiar a questão que ele deseja trabalhar. Tal facilitador é alguém devidamente habilitado que pode fazer perguntas ou não para o cliente, em aberto ao grupo ou em sigilo. O cliente escolhe pessoas que estão participando da sessão de constelação para que representem os papéis de seus familiares e elementos que compõem o caso. As pessoas tomam a posição que consideram um "bom lugar", e a dinâmica se estabelece, e esses representantes se sentem como as pessoas reais. Nessa dinâmica, muitos movimentos ocultos se mostram, bem como contextos psíquicos, o que abre caminho para possibilidades de soluções.

Estamos a serviço do campo mórfico, ao qual chamamos de campo do saber. A partir de como os representantes se sentem e se movimentam, é possível perceber os problemas com clareza e dar início à sua dissolução. A ordem é colocada por meio da linguagem de amor realizada pelo constelador, do cliente ao representante.

O entendimento e a compreensão tomam conta da consciência e a conduzem por um caminho rumo à solução da questão inicial. Assim, o objetivo da dinâmica é ampliar a consciência a respeito de aspectos inconscientes que influenciam nossas relações, emoções, saúde, prosperidade, finanças, decisões e ciclos repetitivos do nosso sistema familiar, empresarial, social, educacional, judicial e de saúde.

A partir de um tema que se deseja solucionar, uma constelação pode revelar a origem de um sofrimento e mostrar uma forma de libertação ou solução, com permissão de reconectar o fluxo evolutivo do nosso sistema familiar e recuperar alguma ordem que tinha sido interrompida.

A maravilha da Constelação Familiar está em incluir tudo e todos aqueles que até então estavam exclusos, sejam sentimentos, situações, fatos ou pessoas, pois na aplicação da visão sistêmica, além de não existir julgamento, todos fazem parte e são inclusos na história familiar. Assim, essa conexão harmônica do sistema familiar é de fundamental importância para seguirmos livres na prosperidade – e prosperidade, na visão sistêmica, consiste em saúde, dinheiro e relacionamentos saudáveis.

Já quanto à constelação individual, a prática se dá com o atendimento realizado pelo facilitador de Constelações ao cliente. O facilitador faz um Genograma – estudo resumido sobre o histórico familiar do cliente – e se utilizam bonecos e âncoras para os representantes da constelação.

Após uma Constelação, seja ela em grupo ou individual, não é viável comentar com terceiros, pois ocorrem movimentos de muitos emaranhamentos. Terminada uma constelação, aquilo tudo que foi dito antes de olhar e trabalhar o tema não deve ser comentado, pois tira a força do que nos foi presenteado. Assim, devemos nos recolher. Significa que devo guardar esse momento que é sagrado. É o próprio serviço de amor à vida.

E quais os temas trabalhados?

Entre os temas comumente trabalhados, podemos elencar: conflitos familiares, conflitos entre casais, conflitos entre pais e filhos, dificuldade em relacionar-se de uma forma geral, problemas de saúde, sintomas físicos, transtornos mentais e emocionais, doenças graves na família, vícios de todas as formas, problemas financeiros e profissionais, falências, socie-dades empresariais mal sucedidas, histórico familiar de abortos, adoção, exclusões, abusos, desaparecimentos, homicídio, suicídios, problemas com compulsão alimentar e todas as formas de compulsão.

Diante de tantos temas de conflito, o método terapêutico-sistêmico proposto nas constelações permite uma abertura de consciência e propor-ciona uma melhor reorientação de nossos papéis, responsabilidades res-peito e gratidão com a nossa própria vida. Assim, a Constelação Familiar nos abre caminhos, e com isso nossa vida começa a mudar para melhor e para o devido lugar, uma vez que ganhamos força para seguir adiante. Há fortalecimento na alma, otimismo e equilíbrio emocional. O autoenten-dimento e o autoamor passam a ter lugar de destaque na nossa vida, e nossos projetos se direcionam com muito mais confiança e autoestima.

Hoje, a Constelação Familiar é aplicada em diversos setores, tais como no Direito, na Pedagogia, nos âmbitos corporativo e organizacio-nal e na área da saúde, inclusive no SUS, o Sistema Único de Saúde, em que foi aprovada como prática integrativa.

Capítulo 9

Vivemos o desencontro da nossa essência?

Cristiane Frutuoso

Por meio de estudos contínuos e práticas em consultórios, percebi a necessidade da integração da mente, espírito e corpo para um indivíduo permanecer em estado de equilíbrio e bem-estar.

Cristiane Frutuoso

Psicanalista Integrativa, Doutoranda em Naturopatia, especializa-da em Neuropsicanálise, Técnico em EFT, Constelações Familiares, Mestre em Reiki, Hipnoterapeuta, Multiplicadora Oficial do Ativismo Quântico Programa Quantum Academy Amit Goswami, Certificações internacionais em *Mentoring*, *Coaching* e *Advice* Humanizado e Pós-graduação em Terapias Complementares. Diretora do Instituto Conhecimento Continuo do Ser Terapias e Ministrante de vários cursos de Formação para Terapeutas Holísticos, Integrativos e Transpessoais registrados na Abrath. O Instituto Conhecimento Continuo do Ser Terapias possui a Sede na Barra da Tijuca na cidade do Rio de janeiro.

Contatos
www.conhecimentocontinuodoser.com.br
Facebook: @conhecimentocontinuodoser
Instagram: @conhecimentocontinuodoser
(21) 97461-9612

Somos seres complexos com nossa anatomia e sistemas perfeitos, numa dança sincronizada de atividades funcionais e vitais. Possuímos dentro de nós um Universo celular inteligente e capaz de perceber as nossas emoções, pensamentos e reagir ao meio que vivemos hoje comprovadamente estudada pela Epigenética. As nossas células se comunicam entre si e por vezes traduzindo em doenças psicossomáticas as nossas crenças disfuncionais suprimidas em nossa mente. Outro campo misterioso é a nossa mente, com tantas camadas desconhecidas de consciência, lembranças do passado guardadas de forma profunda e que nem sempre sabemos o quanto nos afetam em nosso presente.

Crenças funcionais, tudo que acreditamos que somos e podemos fazer em nossas vidas. Elas nos moldam por meio de cada elogio, das palavras de apoio, das concretizações dos nossos sonhos, assim vão validando e enraizando a certeza do nosso potencial. Crenças disfuncionais podem ser adquiridas pelo que aprendemos no decorrer da nossa vida, em nossa infância, com nossa família, na coletividade, como também por dores e traumas. São convicções que minam aos poucos as nossas potencialidades.

Vamos encolhendo dentro de um formato preestabelecido para nos encaixar nos padrões sociais, evitando assim os julgamentos das pessoas que nos rodeiam, os nossos medos de encarar as nossas verdadeiras vontades. Até por ganhos secundários, ou seja, o quanto ganhamos uma atenção mendigada ou uma suposta companhia suplicada pela procrastinação de viver quem realmente somos e desejamos para nossa vida. O medo é o rival de qualquer vida plena, nos impedindo de seguir em nossos sonhos. Criamos monstros com pensamentos de autoboicote para evitarmos nos olhar de frente, sem máscaras, despidos de qualquer julgamento imposto por meio dos padrões deterministas de encaixe em uma sociedade ansiosa e materialista. A nossa ânsia de contentar a todos nos suprime de tal forma que nos afastamos cada vez mais de quem somos em nossa essência e do nosso propósito de vida. Somos sabotadores do nosso destino. Perdemo-nos pelo caminho. Nesse emaranhado, vamos existindo e muito longe de viver de verdade. Robotizados, acordamos e passamos o dia inteiro em um piloto automático adormecido. Passamos anos suspirando por um amor externo sem antes mesmo de nos amar incondicionalmente.

Devemos saber que depende de cada um decidir entre vítima e carrasco de sua própria vida ou se dar oportunidade de tomar posse de fato de seu livre arbítrio e escolher a felicidade e plenitude. As crenças são conhecimentos adquiridos, pontos de vistas individuais e subjetivos. Podemos reconhecer a nossa capacidade de transformar estas crenças e conhecimentos disfuncionais para uma nova postura de empoderamento individual. A Neurociência enfatiza, pela Neuroplasticidade, que somos capazes de modificar ao longo da vida a organização neuronal, aprimorar os nossos conhecimentos por novas sinapses neurais, treinar o nosso cérebro para pensar, agir e acreditar de forma diferente.

Temos em nossos cursos várias técnicas de Reprogramações Mentais, Induções, Meditações, Relaxamentos formas de transformar estas crenças disfuncionais em nossa mente. Sabemos que a auto responsabilidade é o princípio de toda mudança. A permissão é o segundo passo. Se permitir à mudança é decidir que não precisa mais viver em um caminho de sofrimento, de subtração dos seus sonhos. Permissão é a entrega. É a verdadeira escolha! Sem medos, julgamentos, somente a total certeza que como condutor de sua vida direcionará para o caminho que o seu coração pede. O terceiro momento para a mudança é a conscientização. Ter conscientização que não precisa repetir padrões familiares, que poderá ter novos aprendizados, novas escolhas que seus pais ou parentes tiveram. Ter conscientização que a sociedade molda padrões de beleza, status, relacionamentos, mas é uma decisão sua querer seguir ou não o que determinam para você. Ter conscientização é se aceitar incondicionalmente. Como tudo nesta existência, cada flor, pedra, planta, animal, cada órgão, sistema, célula, tudo, mas, tudo mesmo possui um objetivo. Nada foi criado em vão. Não existe superficialidade na criação, nada sem contexto. A criação tem um propósito, todos os ciclos de vida possuem propósitos. Qual é o seu objetivo nesta vida? Quanto mais distante da sua sabedoria interna, da sua essência, mais distante ficará desta resposta. Tantos desencontros amorosos. Corações apertados e vazios. Sensação eterna de solidão e não pertencimento. Pessoas robotizadas deprimidas em suas funções de trabalho. Quantos submetendo às relações tóxicas sem sentido ao coração. Não posso chorar, não posso rir, não posso ter coragem, não posso ser livre. O que posso? E o que poderia acontecer de terrível se fosse quem você é realmente? Ser você na íntegra, na essência. Escutando a sua voz interior que você teima em mandar calar. Arrebentar as correntes invisíveis que te acorrenta a esta realidade disfuncional. A vida é simples. Dificultamos por tentar nos enquadrar ao que esperam de nós. Conscientização que podemos ser mais do que uma simples expectativa do outro.

Ao ouvir aquela sensação de leveza que o seu coração faz quando decide pelo caminho do seu propósito. Daquilo que veio executar nesta existência. Como tudo neste planeta possui uma função, também a sua existe. Às vezes, está a sua frente, mas esse emaranhado de crenças e medos não permite que sinta qual é. O seu Eu Interior anseia por mudanças. Ele implora por ser ouvido. Ele suplica para que decida que seja quem é verdadeiramente.

Continuar a ficar sentado no meio desse caminho, se vitimizando e sofrendo é uma escolha. Porém, poderá escolher mais! São infinitas possibilidades! Somos quem acreditamos ser. Infelizmente, outra crença enraizada nessa realidade é que tudo que é mal tem mais força e que o bem só ganha no capítulo final. E se não for bem assim?

Outra maravilhosa ciência da atualidade, a Física Quântica, nos revela que somos energia, isso é um fato pela nossa composição atômica, os nossos pensamentos são elétricos e nosso magnetismo em nosso campo vibratório nos mantém conectados por uma frequência ressonante aos caminhos que ressoamos por meio do que acreditamos e sentimos. Se soubermos que atraímos por ressonância aquilo que pensamos, sentimos e acreditamos e além temos a nossa intuição e voz interior nos conduzindo para o nosso propósito de vida, fazendo o encaixe perfeito de quem somos e para o que viemos fazer nesta existência. Estamos a todo o momento escolhendo e decidindo o nosso caminho e futuro. Portanto, o grande Salto Quântico é desvencilhar destas crenças disfuncionais que desconectam com sua plenitude e felicidade. Por sermos seres complexos, possuímos um corpo energético além do nosso corpo físico. Esse corpo energético se comunica com o externo principalmente pelos vórtices de energia, que são chamados *chakras*. Os principais são em número sete. Neles condensam as energias dos pensamentos e emoções dessas crenças disfuncionais ressonantes. O primeiro é o Básico, situado ao final da coluna. Corresponde as nossas realizações, vida financeira e trabalho. Reprogramação Mental: eu permito a prosperidade em minha vida. Sou realização. Sou livre dos padrões de escassez da minha família.

O segundo *chakra* é o Umbilical, localizado no ventre. Tudo que colocamos a nossa energia para criarmos algo em nossas vidas. Possui ressonância com crenças disfuncionais com antepassados, medos, corpo, aceitação da sexualidade. Reprogramação mental: agradeço meu corpo perfeito. Acolho com alegria a possibilidade de ser mãe ou pai. Sou criativo(a) Agradeço aos meus antepassados por quem sou hoje.

Plexo Solar é o terceiro *chakra* localizado na boca do estômago, nele se concentra energeticamente todos os sentimentos de ressentimentos, mágoas, raivas, rejeição, insegurança, indecisão, relacionamentos. Reprogramação Mental: perdoo quem me feriu. Libero-me da raiva do passado. Deixo ir meus ressentimentos e mágoas. Sou capaz de escolher relacionamentos felizes. Sou capaz de perdoar. Sei decidir da melhor maneira.

Um Vórtice mais do que especial é o Cardíaco, nele condicionam crenças de amor e reconhecimento, excesso de materialismo e frieza, apatia e desânimo, depressão e falta de alegria. Ali reside o nosso coração energético, que nos direciona as nossas verdades, aquilo que faz sentido em nossa vida, o nosso propósito, porém por vezes não ouvimos os sinais. Passamos a vida inteira pedindo respostas ao Universo, ao Criador Maior e quando os sinais retornam como respostas, não prestamos atenção. O piloto automático desta realidade e os condicionamentos das nossas crenças disfuncionais mascaram estes sinais. E lá seguimos com aquele eterno vazio no peito, insatisfeitos e infelizes. Fisicamente, a sua Glândula Timo que corresponde a esse *chakra*, ela expande e contrai na medida em que sua energia valida com o sentimento de leveza ou de peso enquanto pensa ou decide algo.

Vamos testar? Feche os olhos, imagine-se num lugar tranquilo, que ama e o faz alegre. Perceba que essa imagem lhe proporciona uma expansão no peito e um sentimento de leveza. Agora vamos ao contrário, pense em algo que o deixa triste, num lugar que evita ir ou é obrigado a ir. Perceba quanto o seu peito pesa, se contrai. Essa é a resposta do seu inconsciente, ligado ao sistema imunológico e o sistema energético. Tudo isso é bem mais complexo e nos meus cursos ensino exatamente o que significa. O importante agora é você saber que o seu corpo possui uma bússola energética, que poderá utilizar para projetar o seu caminho e seu propósito de vida. O cérebro e o coração devem comandar juntos. Quando se afasta do que o faz alegre na sua essência, se torna cada vez mais depressivo e a vida sem sentido. Perceba que são escolhas. Permita-se a seguir pelo caminho seguro de se reconhecer como um Ser especial. Reprogramação mental: eu me amo. Sou capaz de sentir amor incondicional. Posso amar e ser amado(a). Permito alegria entrar em minha vida. Posso reencontrar minha essência. Posso amar sem me ferir.

O quinto *chakra* é o Laríngeo, localizado na garganta, nele as crenças sobre a sua verdade, timidez, excesso de franqueza e frieza. Reprogramação Mental: sei me expressar de forma segura. Sou capaz de falar em público com segurança. Sei expressar meus sentimentos de forma equilibrada. Sei escolher o meu propósito de vida.

O sexto é o Frontal que fica entre as sobrancelhas, responsável por acolher energeticamente todas as crenças disfuncionais de excesso de racionalidade e medo da intuição. Bloqueia os *insights* criativos e intuitivos. Reprogramação Mental: sou um gerador de energia. A minha percepção se expande. Sei ouvir minha voz interior. Consigo silenciar minha mente. Sou criador da minha realidade.

O sétimo é o coronário, voltado para cima, como um grande espiral ligado à unidade e à criação maior. Quando não está em fluxo equilibrado, percebemos o mundo pela separação ao invés da unidade, a solidão no lugar da conexão com tudo e todos. Excesso de ansiedade e nervosismo. Reprogramação Mental: acredito que sou especial. Consigo ver a beleza nas pequenas coisas da vida. Sou importante. Sou conexão. Estou em unidade. A vida é agora, deixo o passado ir e faço o meu futuro a partir de hoje.

Desperte a sua essência! Desperte o seu Eu Interior, que sabe qual é o seu objetivo nesta existência. Encaixar-se no grande tabuleiro deste Universo fará todo sentido para você. O seu coração agradece!

Referências

CONSENZA, Ramon. *Neurociência e educação*. Artmed, 2011.

DOIDGE,DR. Norman. *O cérebro que cura*. Record, 2016.

_____. *O cérebro que se transforma*. Record, 2011.

FRANCIS, Richard. *Epigenética como a ciência está revolucionando o que sabemos de hereditariedade*. Zahar, 2015.

GRAND, David. *Brainspotting*. TraumaClinic Edições, 2016.

MARCHANT, Jo. *Cura*. BestSeller, 2016.

MOTOYAMA, Hiroshi. *Teoria dos chakras: ponte para a consciência superior*. Pensamento, 2012.

PENMAM, Danny. *Atenção plena: mindfulness*. Editora Sextante, 2015.

Capítulo 10

Gatos, tigres e antas, como administrar estes perfis nas organizações

Douglas Marangoni

O conflito é um aprendizado e uma evolução diária para o ser humano durante a sua vida na sociedade. O conflito é inevitável, seja em relações familiares, empresariais e sociais.

Douglas Marangoni

Administrador de Empresas pelo Centro Universitário Central Paulista (UNICEP). Pós-Graduado em Finanças e Controladoria. Professor universitário, empresário, consultor empresarial em várias empresas e palestrante. Atuou como Secretário Municipal de Planejamento e Gestão e Secretário Municipal da Educação no município de São Carlos – SP. Possui uma vasta experiência no setor empresarial e como palestrante já dividiu o palco com grandes nomes, com público de mais de mil empresários. Suas palestras possuem um diferencial, nas quais aborda conteúdos importantes de uma forma descontraída e dinâmica. Os casos reais apresentados durante as palestras fazem com que o público se identifique e se envolva.

Contatos
douglasmarangoni@outlook.com
Facebook: douglasmarangoniconsultor
Instagram: douglas.marangoni
LinkedIn: Douglas Marangoni
(16) 98101-0990

Diariamente, estamos inseridos em algum tipo de conflito. Ele existe a partir do momento em que ocorre a convivência entre as pessoas e nas situações de mudança. Ele é resultado normal das diferenças humanas e da insatisfação de suas necessidades, seja elas individual ou coletiva.

Como consultor empresarial, irei focar o capítulo nos conflitos existentes nos ambientes empresariais, pois os mesmos são compostos por pessoas de diferentes opiniões e personalidades. Na maioria das vezes, os gestores veem os conflitos como prejudiciais para a empresa. Mas, na verdade, se bem administrados podem apresentar oportunidades de crescimento e mudanças.

Para que o gestor faça um bom trabalho, primeiramente ele deve identificar quais os tipos de conflito existentes na empresa e, assim, buscar uma melhor solução. Normalmente, os conflitos são classificados em três tipos: pessoal, interpessoal e organizacional.

Conflito pessoal: é como alguém lida com si mesmo, suas inquietações, dissonâncias pessoais que resultam num abismo entre o que se diz e o que se faz ou num contraste entre o que se pensa e como age. Causando, desse modo, estresse e atrito no indivíduo.

Conflito interpessoal: aquele que ocorre entre dois ou mais indivíduos que encaram a situação de maneiras diferentes. Embora esses conflitos sejam de origem organizacional, os atritos e desavenças são de origem interpessoal, o que torna mais difícil de lidar, lembrando que nós nos permitimos entrar neles, seja por alguma motivação, injustiça ou crença.

Conflito organizacional: não se fundamenta apenas no sistema pessoal, mas, sim, nos resultados das dinâmicas organizacionais em constante mudança. Na maioria das vezes, é externo à empresa. Os conflitos sempre são gerados por pessoas e são solucionados por elas, porém quando se trata dos organizacionais, se referem a vários indivíduos trabalhando em um mesmo ambiente chamado organização, o qual precisa que os mesmos caminhem juntos a fim de que o objetivo seja atingido.

Em alguns casos, as "pessoas" (sócios) divergem em algum momento de alguma decisão, causando assim os conflitos organizacionais.

Os conflitos internos ocorrem em departamentos e unidades de negócios e têm sempre como raiz os conflitos entre pessoas, o que os torna ainda mais complexos, pois as partes conflitantes estão supostamente do mesmo lado da mesa e, na maioria das vezes, geram custos altos. Os conflitos externos são facilmente identificados e seus custos são facilmente medidos.

Os conflitos podem ocorrer em vários níveis de gravidade.

Conflito percebido: as partes percebem e compreendem que o conflito existe, pois sentem que seus objetivos são diferentes dos objetivos dos outros e que existe a possibilidade de interferência e bloqueio. Esse conflito é chamado de latente.

Conflito experienciado: provoca sentimentos de hostilidade, raiva, medo e descrédito entre uma parte e outra. É chamado de conflito velado, pois não é mostrado externamente com clareza.

Conflito manifestado: expresso por meio de comportamento de interferência ativa ou passiva por ao menos uma das partes. É chamado de conflito aberto.

Conhecendo a natureza do conflito, o gestor pode agir de maneira assertiva, aumentado suas chances de tomar uma decisão que mantenha o bem-estar entre pessoas e grupos sem conveniência e injustiça.

Um bom gestor entende a natureza do conflito e tem ciência de que é uma etapa do crescimento, pois as grandes ideias surgem durante as dificuldades ou num momento de alto nível de conflito. Como sempre digo aos meus clientes, se numa reunião estiverem presentes dez indivíduos e apenas um pontuar, explanar e solucionar os problemas, não precisaríamos das outras nove na reunião.

Como consultor, acredito que as trocas de ideias, sugestões de melhorias, e opiniões divergentes não devem ser entendidas ou classificadas como conflito, mas infelizmente, muitas vezes, no âmbito empresarial, que é o meu forte, muitos empresários ou líderes não aceitam isso de uma forma positiva, gerando assim conflito organizacional. Podemos ampliar esse raciocínio ao âmbito societário. Se tivermos dois ou mais sócios com as mesmas ideias, não necessitaríamos de sociedade, pois, em muitos casos, a sociedade é composta por pessoas com conhecimentos diferentes que se unem para obter resultados melhores. No entanto, devemos tomar o cuidado de respeitar cada profissional em sua área de atuação e estarmos sempre abertos a sugestões e melhorias, não interpretando isso como invasão ou falta de respeito.

Como consultor empresarial, presenciei e ajudei a solucionar diversos conflitos organizacionais nos diversos segmentos e porte empresariais.

Quando falamos em conflitos organizacionais, logo pensamos conflito societário, porém afirmo que não existe apenas ele nas organizações.

Quem nunca ouviu o ditado popular "Ganhou uma péssima gerente e perdeu um grande vendedor", isso ocorre muitas vezes por falta de análise de perfil do diretor ou da pessoa responsável. A empresa fica no dilema de não querer chatear um funcionário antigo e trazer o gerente de fora, no entanto, essa falta de coragem e clareza em conversar, com um vendedor, por exemplo, faz com que seja promovido a gerente. Imediatamente o gestor percebe que perdeu um ótimo vendedor e posteriormente perderá o funcionário, pois o mesmo não tem perfil para gerência, não suportará a pressão e pedirá demissão.

Como sempre digo em minhas palestras, todas as organizações, independentemente do porte e segmento, necessitam de três tipos de funcionários com os seguintes perfis: tigres, gatos e antas, vamos explicar assim um pouco de cada um deles.

- Tigre: dificilmente você verá um tigre dividindo o seu espaço e andando em bando. Ele costuma ser dominante, autoritário e líder. Sempre é o que fala mais alto e tenta impor as suas ideias a qualquer custo, porém caso a empresa tenha dois tigres no mesmo ambiente ou setor, provavelmente terá problemas.

- Gato: é um animal dócil, porém não é fiel ao dono e muito menos defende o ambiente em que vive. Dificilmente você encontra gatos brigando ou dividindo espaço, porém muitas vezes são vingativos ou inconstantes, pois, ao mesmo tempo em que está tudo bem, fica ruim de uma hora para outra. Se uma organização tiver no seu quadro de funcionários mais funcionários com o perfil de gato, poderá ter problemas, porque gato é muito liso e sempre se esquiva de tudo e, provavelmente, irá se esquivar dos trabalhos diários.

- Anta: é um animal manso, que não gosta de briga, porém tem sempre o mesmo ritmo, independentemente da situação. Em uma organização, será um funcionário que sempre estará na empresa, não se esconde, não foge do serviço, porém adora atividades rotineiras e lentas, faz um trabalho de qualidade.

Em qualquer empresa, precisamos dos três perfis de funcionários, se precisar de alguém para tomar a frente, tomar uma decisão é o tigre, quando a produção apertar, são os gatos que irão dar agilidade e aumentá-la, e as antas em seu ritmo irão manter a empresa sempre organizada e em constância.

Mas o que acontece diversas vezes é que o gestor ou o próprio empresário contrata um funcionário para desenvolver serviços não compatíveis com o seu perfil profissional, por isso digo que muitas vezes escolhas erradas criam conflitos.

Os conflitos entre os sócios podem ocorrer por falta de diálogo, interesses próprios ou divergências nos objetivos da empresa.

Como consultor, já atendi diversas empresas com conflitos de sociedade e mais de 90% desses casos foram resolvidos, de uma forma simples e objetiva, colocando o famoso ponto no i.

Normalmente, quando uma organização se inicia, os sócios não pensam em todas as circunstâncias que surgem ao longo da jornada e quando essas situações aparecem, não encontram o caminho para solucioná-las e acabam assim afastando os sócios a ponto de uma ruptura societária por pequenos conflitos. Sempre digo aos meus clientes que uma sociedade é um casamento. Se na primeira briga já se separa o mundo, não haveria mais sociedade empresarial. Para que isso não ocorra, precisamos seguir algumas regras básicas, tais como:

Contrato social, definindo funções e responsabilidade de cada sócio, organograma detalhado, reuniões periódicas, com atas para documentar tudo o que foi acordado, prestação de contas mensais, independentemente de lucros ou prejuízos, clareza nas decisões de cada sócio e sempre comunicar algo diferente do cotidiano, definir todos os investimentos juntos, cuidado com grau de parentesco.

Poderia descrever inúmeros casos reais que já solucionei como articulador de conflitos. Citarei apenas alguns, com nomes fictícios, preservando a integridade de meus clientes.

Caso 1: empresa familiar, onde os filhos começam a trabalhar lá, na qual um filho pega a companhia com toda a força e determinação e o outro não gosta do segmento em que a família atua. Não ficam claras as funções, responsabilidades, salários, horário etc. O segundo filho decide sair da empresa e seguir o seu próprio caminho e o que ficou na empresa percebe que seus pais estão cansados e assume de vez o negócio. Decide se especializar, buscar novos conhecimentos e, com uma nova visão, começa a mudar a empresa. Ao longo do tempo, a empresa aumenta o faturamento, abre filiais e começa a ter uma visibilidade de mercado. Aí começam os conflitos, pois o mérito é do primeiro filho que lutou, ficou na empresa, foi buscar conhecimento, arriscou, mas em nenhum momento a família sentou para definir sobre percentuais da sociedade, se as novas empresas filiais eram da família ou do filho que está se dedicando. O segundo filho, vendo o crescimento da empresa, decide retornar à empresa da família, porém hoje quem está à frente não são mais os pais e, sim, o seu irmão, porém em nenhum momento a família sentou e definiu os percentuais, direitos e deveres, nasceu aí um grande conflito organizacional, que poderia levar a empresa a uma grande ruptura ou até ao encerramento de suas atividades.

Fui contratado para intermediar essa negociação familiar e juntos definimos um formato de reestruturação da empresa e continuação das suas atividades. Tomei o devido cuidado, pois se tratava de um negócio em âmbito familiar que possui uma complexidade mais agravante. Finalizamos a reunião com todos satisfeitos e a empresa poderá continuar nos seus objetivos.

Caso 2: nasce uma empresa com fundo de pesquisa e os sócios decidem montar um laboratório para desenvolvimento de seus produtos, porém, com o passar dos anos, já existem alguns produtos desenvolvidos pela empresa, com ótima aceitação por meio de pesquisa realizada pela própria empresa. O conflito organizacional aconteceu quando o primeiro sócio com 50% da sociedade quis que a empresa permanecesse como empresa de pesquisa e o segundo sócio com 50% quis que os produtos desenvolvidos fossem para vendas no mercado, ou seja, um com o objetivo de pesquisa e o outro com o de mercado. Infelizmente, no caso, foi impossível a continuidade da sociedade. Foram apresentados três caminhos: defini-la como empresa de pesquisa, como de mercado ou o encerramento das atividades.

Fui contratado para fazer o *valuation* e definir entre os sócios qual o caminho a ser seguido. Em comum acordo, o segundo sócio comprou os 50% do primeiro e, hoje, a empresa tem seus produtos no mercado.

Conclusão

Conflito é positivo, seja ele pessoal, profissional ou organizacional, pois faz com que os seres humanos saiam da inércia e busquem uma nova solução. Na maioria das vezes, isso os leva a um patamar muito superior ao que estavam.

Alguns conflitos são desnecessários e apenas nos tiram e desviam do nosso foco seja ele pessoal, profissional ou empresarial, mas podemos preveni-los tomando as devidas providências:

a) Você é o único que pode permitir que qualquer conflito o atinja;

b) Caso o conflito seja inevitável, tenha em mente o que quer com ele;

c) Identifique se o conflito é: pessoal, interpessoal ou organizacional;

d) Após a solução do conflito, vire a página e não traga, em hipótese alguma, o conflito novamente;

e) Nos conflitos organizacionais, sempre documente todas e quaisquer decisões societárias, por meio de atas de reunião;

f) Defina com os seus sócios sobre a contratação de filhos e parentes na sociedade, se possível em comum acordo, deixe isso explícito em contrato social;

g) Tomem decisões em conjunto e sempre estejam abertos às opiniões adversas as suas, porém, caso não concorde com algo, se posicione no momento certo.

h) Se o tema for delicado e você não se encontre gabaritado ou preparado para a solução do conflito, contrate um profissional com experiência para auxiliar na resolução.

Referências

BERG, Ernesto Artur. *Administração de conflitos: abordagens práticas para o dia a dia*. 1. ed. Curitiba: Juruá, 2012.

BURBRIDGE, R. Marc; BURBRIDGE, Anna. *Gestão de conflitos: desafios do mundo corporativo*. São Paulo: Saraiva, 2012.

CHIAVENATO, Idalberto. *Gestão de pessoas: e o novo papel dos recursos humanos na organização*. 2. ed. Rio de Janeiro.

McINTYRE, Scott Elmes. *Como as pessoas gerem o conflito nas organizações: estratégias individuais negociais*. Análise Psicológica.

Capítulo 11

A diplomacia social de Jesus na solução de conflitos

Edinete Pinheiro & Emerson Cartágenes

Diplomata Social é a metodologia criada pela Sociedade Brasileira de Diplomata Social, focada na integração humana, que capacita pessoas para solucionar conflitos, viver e conviver de forma harmônica e positiva. Diplomacia Social é a habilidade de manter-se bem definido e em harmonia interior para expressar esse estado mental e espiritual, em suas ações e relações, aplicando os pilares: pensar com clareza, agir com lucidez e se relacionar em harmonia.

Edinete Pinheiro

CEO da Sociedade Brasileira de Diplomata Social, Co-criadora do Método e Programa Diplomata Social. Membro diretora do Instituto de Engenharia do Pensamento. Membro da Escola Saber e Ser de Ciência Espiritual. *Master Coach. Personal* e *Professional Coach. Positive* e *Happiness Coach.* E*xecutive* e *Alpha Coach. Expert* em Felicidade e Relacionamento Interpessoal Harmônico e Sustentável. Mestre em Desenvolvimento e Meio Ambiente Urbano. Professora, advogada e Bacharel em Administração. Co-criadora do Programa Imperturbável de Inteligência Emocional.

Emerson Cartágenes

CEO da Sociedade Brasileira de Diplomata Social, Co-criador do Método e Programa Diplomata Social. Membro diretor do Instituto de Engenharia do Pensamento. *Master Coach. Personal, Professional e Executive Coach. Expert* Relações Humanas Produtivas, Autocontrole Mental e Emocional; e Negociação de Alta *Performance*. MBA em Gestão de Pessoas. Co-criador do Programa Imperturbável de Inteligência Emocional. Coautor do livro *Coaching: grandes mestres ensinam como estabelecer e alcançar resultados extraordinários* pela Literare Books.

Contatos

www.diplomatasocial.com.br
contato@diplomatasocial.com.br
Instagram / facebook: @diplomatasocial
Edinete Pinheiro (91) 98105-5714 - edibelem@yahoo.com.br
Emerson Cartágenes (91) 98324-8644 - cartagenesmerson@gmail.com

Diplomacia Social é a metodologia focada na integração humana produtiva, que capacita pessoas, tornando-as mais habilitadas para viver e conviver em harmonia, por meio do desenvolvimento de cinco grandes competências que são: comunicação integradora; autocontrole mental e emocional real; negociação diplomática e resolução de conflitos; relacionamento interpessoal harmônico sustentável; e liderança diplomática de alta *performance*.

A Sociedade Brasileira de Diplomata Social, idealizadora e criadora do programa Diplomata Social, baseada em seu método exclusivo, pilares e princípios, define Diplomacia Social como a habilidade de manter-se, continuamente, bem definido e em harmonia interior, para expressar esse estado mental e espiritual, em suas ações e relações cotidianas, promovendo a integração humana harmônica e solucionando desafios ou conflitos com equilíbrio e sabedoria.

A Diplomacia Social fortalece a construção de uma sociedade mais integrada, composta por pessoas que vibrem em harmonia, agindo continuamente em uso de sua consciência e do seu potencial mental e espiritual. Diplomata Social é um agente que aplica a Diplomacia Social para: resgatar a harmonia interior e com o meio ambiente; gerar integração e união entre as pessoas; promover o entendimento e compreensão, de forma lúcida, entre pessoas e equipes; fortalecer o trabalho harmônico, positivo e produtivo em equipe; integrar equipes para realização harmônica de um propósito bem definido; contribuir para desenvolver nas pessoas o equilíbrio e autocontrole mental e emocional; expandir a compreensão e promover a evolução; formar líderes, lúcidos e conscientes, que contribuam para o desenvolvimento real de pessoas e comunidades; solucionar conflitos e gerar unidade familiar, organizacional e social.

Para apresentar os pilares e princípios fundamentais da Diplomacia Social vamos utilizar, como exemplo, Jesus de Nazaré, por ser um modelo prático de vivência, inspirador na forma de viver e conviver com as diversidades comportamentais, sempre acolhendo as pessoas com igualdade de valor.

Os cinco princípios da diplomacia social de Jesus

Apresentaremos, de forma simples e resumida, os princípios retirados do livro *Diplomacia social - Como viver e conviver com sabedoria e harmonia*, dos autores Emerson Cartágenes e Edinete Pinheiro. Os cinco princípios da Diplomacia Social de Jesus são: viva em unidade com tudo que existe; Comunique-se com a consciência do Ser; Assuma o controle inteligente de sua mente e seus pensamentos; Viva com um propósito inspirador; Seja uma presença ativa e torne-se um agente de mudanças. Esses princípios são trabalhados de forma transversal, por meio dos seguintes pilares da Sociedade Brasileira de Diplomata Social: pensar com clareza, agir com lucidez e relacionar em harmonia.

1º princípio: viva em Unidade com tudo o que existe.

Tudo está conectado e um dia todos estarão reintegrados como um só Ser, infinito e perfeito.

Imagine como seria o mundo se todos vibrassem em amor, se todos percebessem o semelhante como parte de si, como irmão, como UM?

Várias frases são usualmente utilizadas, algumas se tornaram muito conhecidas, porém pouco vividas. Algumas vezes por incompreensão, em outras pelo estado vibracional equivocado que as pessoas ainda se encontram, o que dificulta que entrem em ação. Como exemplo, citamos as seguintes frases de Jesus: "Amai o próximo como a ti mesmo" e "fazei aos outros, somente o que queres que te façam".

Esses pensamentos expressam a essência dos ensinamentos de Jesus, e convidam você para a ação de integração positiva com tudo o que existe, compreendendo que tudo está interligado e que o outro é parte de você, e que ambos fazem parte do todo, evidenciando o princípio da Unidade. Quando você está em conflito, sua vibração é alterada e, como consequência, altera seu estado emocional, mental e suas conexões espirituais. Qualquer mudança que realize em si mesmo altera o mundo. O que você pensa influencia o todo, cada vibração que está ativa em si muda a química vibracional do planeta, da galáxia, do universo.

A compreensão da Unidade está interligada à compreensão do amor. Quando o Ser vibra em amor, se integra a tudo e todos como um só Ser infinito e, consequentemente, vive e convive com igualdade com cada pessoa que encontra.

Quando você compreende o princípio da Unidade, passa a entender as atitudes de Jesus, que sempre tratou todos como iguais e como parte de si, limpo e livre de preconceitos, recebendo cada Ser com amor e fraternidade. Esta vibração de amor, o integra com o infinito como um só Ser.

Ao vibrar em Unidade, você passa a reconhecer e sentir o outro como uma extensão de si, cuidando, compreendendo e compartilhando o que há de melhor em si.

2º princípio: comunique-se com a consciência do Ser.

Você não tem um espírito, você é o espírito. Um Ser eterno, que possui temporariamente, uma mente e um corpo, enquanto está nesta dimensão física/material.

Jesus compreende que a trajetória espiritual e humana de cada Ser deformou a vibração original, fazendo com que se adquiram novos padrões vibracionais, que se manifestam na forma de pensar, compreender e se comportar.

Como parte da perfeição infinita, cada Ser tem um componente espiritual, denominado Consciência, que é a luz perfeita, que compõe sua estrutura espiritual. Independente do estado vibracional, espiritual, atual do Ser, sua consciência mantém-se inviolável, limpa, e pode ser acessada e utilizada como um guia para o resgate da sua própria luz, para retornar a seu estado original.

Como cada Ser tem consciência, que é essa luz perfeita que faz parte de sua estrutura, Jesus, em uso de sua consciência, se comunica diretamente com a consciência do outro. Não focando na equivocação temporária de cada um, reconhecendo todos como iguais, em estado original.

Jesus, em uso de sua consciência, e em conexão com mundos avançados, comunicava-se diretamente com a consciência de cada um, independente do estado atual em que a pessoa se encontrava.

Jesus comunica-se com o Ser, e não com títulos ou aparência, vibrando em amor e respeito por todos.

Mesmo reconhecendo a diversidade vibracional existente, que diferencia as pessoas temporariamente, Jesus adaptava sua linguagem para ser compreendido por seus ouvintes, sem alterar a verdade, sendo em ação um exemplo vivo, contribuindo para educar, esclarecer e transmitir as bases fundamentais para despertar o Ser. Inspirando a autodefinição, autocorreção e a autotransformação, sempre respeitando a liberdade.

3º princípio: assuma o controle inteligente de sua mente e de seus pensamentos.

Algumas pessoas não estão utilizando sua inteligência de forma inteligente e vivem inconscientes de sua consciência.

Jesus tem respostas sábias e precisas para cada situação, por usar sua inteligência e consciência continuamente. Mesmo quando era desafiado, mantinha-se tranquilo, lúcido e equilibrado. Sempre imperturbável!

Para entender os comportamentos de Jesus, você precisa compreender como ele pensa e como funciona do fluxo e efeitos dos pensamentos. A compreensão e a prática desse processo possibilitarão que você desenvolva o autocontrole mental e emocional real, facilitando que realize transformações reais em si mesmo e, simultaneamente, com seu exemplo, inspire mudanças no seu entorno.

O fluxo do pensamento ocorre da seguinte forma: o pensamento gera sensação, que gera emoção, que gera ação.

Jesus tinha total controle sobre seus pensamentos, isto é, sobre as imagens internas que circulavam em sua mente, mantendo-se como gerador de pensamento claros e lúcidos, ao mesmo tempo, neutralizava continuamente as tentativas de entrada de imagens mentais negativas.

Por compreender que as imagens mentais despertam sensações e emoções, Jesus gerava somente imagens lúcidas e positivas, vibrando em harmonia e, consequentemente, ativando somente boas emoções.

O padrão vibracional dos pensamentos define o tipo de sintonia espiritual com a qual cada ser se conecta, bem como as sensações e emoções que vive. Jesus mantinha-se sempre em sintonia com dimensões espirituais avançadas, devido à qualidade de sua vibração, pensamentos e atitudes.

Jesus não julgava, não criticava, nem condenava. Agia com compreensão e expressava somente a verdade, com amor e harmonia, por meio de sua forma de ser, pensar e agir.

Mesmo em uso de sua inteligência e clareza, nunca fazia nada sem antes fortalecer sua conexão, mental e espiritual, com a fonte de luz infinita e com dimensões espirituais avançadas. Conservava sua mente limpa, e suas intenções ativas no bem, facilitando o uso da intuição.

4º princípio: viva com um propósito inspirador.

Quando sua transformação é autêntica e real, nenhuma influência o desvia do seu propósito.

Como fazer para não desistir diante dos obstáculos e ser resiliente frente aos desafios?

O que faz um Ser como Jesus de Nazaré, mesmo frente a tanta ignorância humana, ações injustas e dolorosas, manter-se firme em ação?

A resposta para a pergunta é: ter propósito inspirador. É ter um ideal de valor tão importante e significativo que o inspira em sua jornada, mantendo-o firme, mesmo diante dos desafios impostos pela equivocação humana.

Jesus, mesmo diante de uma "realidade" externa, adversa e ignorante, mantinha-se internamente tranquilo, sereno e focado, por compreender que seus pensamentos alteram o "estado mental e vibracional", e que suas ações lúcidas contribuiriam para a transformação dos seres.

O propósito de Jesus é, para ele, prioridade e o impulsiona a superar qualquer obstáculo, com serenidade, mantendo-o harmônico e sem alteração. Sempre diplomático, sereno e imperturbável!

Jesus vive continuamente sua missão de redenção, de resgatar o Ser da ignorância espiritual, focado em contribuir para que cada um resgate sua própria luz, inspirando o retorno a fonte perfeita e infinita, da qual todos somos parte.

Jesus mantinha sua mente limpa, pensamentos sempre claros, conexão com mundos avançados, focado em seu propósito. Então, é importante você compreender que, quando seu propósito é claro e inspirador, todas as dificuldades e desafios se tornam pequenos. Em contrapartida, quando o seu propósito não é relevante ou não está alinhado a sua missão espiritual, qualquer dificuldade pode tornar-se uma barreira.

5º princípio: seja uma presença ativa e torne-se um agente de mudanças.

Desfrute sabiamente das coisas materiais, temporárias, e ative em seu Ser o que é eterno.

Assuma a responsabilidade de ser, em ação, o seu melhor e contribuir para ativar o melhor nas pessoas. Então, durante a jornada rumo à conquista de seus objetivos, seus pensamentos e ações geram resultados que fazem do ambiente em que você atua um lugar melhor para se viver e conviver.

Não desperdice as oportunidades de ser útil, de contribuir efetivamente, e com qualidade, com o maior número de pessoas possível, sendo um gerador de transformação em suas vidas.

Ter presença ativa é definir claramente seu objetivo, planejar e agir com clareza para alcançá-lo, de forma que, a cada passo que você dá em direção à realização de seu propósito, suas ações gerem benefícios a todos ao seu redor, e exatamente por isso, sua presença torna-se construtiva e ativa.

Para que seja uma presença ativa, e se torne um agente de mudanças, você vai precisar desenvolver ou fortalecer a lucidez e a humildade, para manter-se em harmonia. E sua presença, mesmo quando silenciosa, transmita uma vibração de unidade e igualdade, para que essa vibração seja, consciente ou inconscientemente, recebida pelas pessoas, facilitando a união e a compreensão.

Conclusão

Convidamos você a manter-se no controle de sua vida, focado continuamente, em desenvolver-se espiritualmente, realizando mudanças reais e implantando um novo padrão de vibração e comportamento mais elevado, sutil e útil para você mesmo e para a sociedade.

Com a compreensão desses princípios vividos por Jesus e a sua decisão de vivê-los continuamente, você desenvolverá a maestria de saber viver e conviver com felicidade, harmonia e sabedoria.

Capítulo 12

A teoria geral dos rolos empresariais

Gutemberg Leite

No universo corporativo, defrontamo-nos com situações em que as equipes, não conseguindo se fazer entender, desencadeiam situações intrincadas, provocadoras de impasses que prejudicam as relações, como verdadeiras redes de divergências circulares, característica da desordem geradora de desacordos. E, nessa confusa espiral, tudo se ajusta sem que, de fato, nem sempre se concilie.

Gutemberg Leite

Mestre em Ciências da Comunicação, pós-graduado em Comunicação Jornalística pela Faculdade Cásper Líbero e especializado em "Novas Tecnologias da Comunicação" pela Universidade da Flórida, Estados Unidos. Pós-graduado em Administração com ênfase em Recursos Humanos pela FECAP e em Direito Empresarial pela EPD – Escola Paulista de Direito. Administrador de empresas e jornalista. Certificado em *Coaching* pelo IBC – Instituto Brasileiro de Coaching e em Mentoria Empresarial pela Valor Empresarial. Iniciou a carreira em Recursos Humanos em 1969, tendo atuado em empresas nacionais e multinacionais até 1982, em recrutamento, seleção, treinamento e desenvolvimento organizacional. Em 1983, fundou o Grupo Meta RH, empresa especializada em serviços de recursos humanos. Coautor dos livros *Ser+ inovador em RH, gestão de pessoas e comunicação*, Editora Ser Mais, e *A comunicação como estratégia de recursos humanos*, com Fábio França, pela Editora Qualitymark, em sua segunda edição, e coautor do *Manual completo de empreendedorismo*, pela Literare Books.

Contatos
grupometarh.com.br
gutemberg@grupometarh.com.br
(11) 5525-2722 / (11) 99953-8510

"Se a teoria entra em conflito com os fatos,
tanto pior para os fatos."
Johann Fichte

Com cinquenta anos de RH, observei ser frequente nas empresas a não resolução de algumas situações e processos complexos, em razão de serem esses aduzidos por conflitos internos que, na verdade, além de haverem se conservado indissolúveis, agravaram-se no decorrer do tempo.

Seria essa frequência um indício da necessidade para que os rolos empresariais findem ou, quem sabe, apenas a confirmação de que os tais devam ser trabalhados por termos entrado em uma era em que a necessidade de saber negociar demonstra que conflitos não podem mais serem vistos como disfunções de uma normalidade organizacional?

As principais causas desses rolos fluem de movimentos comunicacionais que visam suprir os desejos e as necessidades humanas, hoje refletidas pelos atuais padrões de consumo, com clientes que interagem nas redes sociais, riquíssimas fontes de enaltecimento ou de desvalorização de produtos e serviços.

De maneira geral, credita-se a tais vicissitudes a pressão gerada pelo mercado, pois força as equipes a se adaptarem às novas realidades de negócio, com recursos limitados provindos dos enxugamentos financeiros, por choques entre metas e objetivos, e pela ocorrência de impasses entre departamentos e diretorias. Tudo muito comum na atualidade, principalmente devido às falhas de congruência comunicativa e assintonia.

Chiavenato (2003, p. 305) escreve que "conflito significa a existência de ideais, sentimentos, atitudes ou interesses antagônicos e colidentes que podem se chocar." Imagino, então, que as palavras tumulto, litígio, pendência, incompatibilidade e predileção, quando relacionadas aos rolos, suscitam a intercalação da existência ou da iminência de seus opostos.

O mesmo autor, em obra revisada (2008), menciona que os rolos são inevitáveis à vida e integram a natureza humana, de maneira a construir o lado oposto da cooperação, sendo que essa requer uma interferência deliberada por uma das partes, para que possa existir.

Pela lógica, essa interferência pode tornar-se individual e/ou grupal, bem como ser ativa, caso produza ações geradoras de obstáculos, ou passiva, caso admita omissões.

Fato é que, sendo ativos ou passivos, os rolos provocam em todos os ambientes da empresa circunstâncias singulares que não somente afetam a produtividade e eficácia individual, como também a motivação de todos. Basta que sejam feitas algumas visitas aos departamentos, mormente nos de qualidade e de compras, para que se perceba os prejuízos significativos que serão contabilizados.

Eu tenho uma teoria. Nela, quatro hipóteses: 1. A grande maioria dos rolos empresariais se origina na comunicação verbal não assertiva. 2. Os rolos empresariais são motivados na medida em que há objetivos mal definidos ou obscuros. 3. O conjunto de conhecimentos práticos (*know-how*) que o RH dispõe para interceder em rolos avança quando a alta direção e a área jurídica são determinantes nesse movimento. 4. O conflito de interesses é enrolado e generalizado.

A primeira hipótese: os rolos e a comunicação empresarial

A comunicação assertiva, enquanto arte, se direciona, flexiona e se expande internamente à empresa. Sua manutenção produz uma comunicação clara, concisa e coerente com a postura de seus agentes, ampliando-lhes as chances de desenrolar rolos pelo desenvolvimento de equipes mais capacitadas devido a premissas de: efetividade (falar o certo no momento certo e para a pessoa certa), responsabilidade (poder de persuasão e influência), ausência de julgamentos e escuta ativa (atenção e respeito aos sentimentos e ideias alheias).

A maioria dos rolos empresariais que presenciei ao longo da minha carreira começaram suas espirais em "reuniões que fatigam", em que a ausência das premissas geradoras de empatia citadas, de um modo quase imperceptível, transformara-se em comunicação não assertiva, perdendo-se tempo e a oportunidade de encontrar soluções.

Em ocasiões assim, há indisfarçáveis "expressões de paisagem" nos rostos dos participantes, o que também deixa claro que os problemas levantados terminariam sendo delegados aos "cantos já confusos" de suas mentes ou, no mínimo, que as dificuldades acabariam apenas contornadas pelo expediente da imprecisão, com o amparo geral.

A segunda hipótese: os objetivos enrolados

A regra irremissível dos rolos é a de se transportarem de um "pequeno engano" para equívocos que alcançam extensões inimagináveis.

Exemplo extremo seria a não sobrevivência de uma empresa no mercado, caso desobedeça à Lei n° 12.846/2013 (Anticorrupção ou *Compliance*), que determina serem a "integridade" e a "transparência" fatores preponderantes para que gerencie seus rolos.

A transparência – sendo testificada não apenas em documentos, mas também pela comunicação, preferencialmente sistêmica – faz com que as relações se estabeleçam a partir da reflexão de que uma pessoa consome parte do que observa e, por isso, age e reage; se integra no que participa, causa para que influencie/seja influenciada e, se atenta, igualmente considera, motivo que a faz notificar.

Relações íntegras são formadoras de "empresas inteiras". Nelas, não há hiatos que possibilitem a concretização ou a reafirmação de objetivos indefinidos ou obscuros.

A terceira hipótese: um RH que avança para negociar

Armados os pequenos ou grandes conflitos, a tendência é que se perpetuem. Há alguns que, apesar de sua indiscutível espontaneidade, ao serem inseridos no torvelinho de rolos da empresa, se expandem, principalmente no âmbito virtual, fortalecendo as fontes de desclassificação de uma empresa, como citado no terceiro parágrafo deste artigo.

Raras são as exceções de conflitos que não estejam no emaranhado de motivos que circundem uma necessidade de *status*: algum tipo de competição; o desejo de autonomia; as formas de assédio mais frequentes (moral ou sexual); algum tipo de ansiedade oriunda de mudanças (internas ou externas), de desligamentos e/ou remanejamentos em massa, dentre outras.

Vale acrescentar que: em empresas familiares, o excesso de diferenças ou semelhanças ideológicas é a causa da grande maioria dos conflitos; em multinacionais, os rolos são majoritariamente observados de acordo com as diferenças culturais, e cumprir leis, normas e procedimentos – sempre com uma comunicação adequada – poderá contribuir sobremaneira para a solução dos conflitos trabalhistas, onde a conciliação, mediação e arbitragem trazem grandes benefícios para as partes, para o judiciário e para a sociedade em geral.

Na visão de Chiavenato (2008), as empresas e organizações dependem das pessoas que as constituem para atingir seus objetivos e cumprir suas missões. Como uma empresa é formada por pessoas, as organizações constituem o meio pelo qual elas poderão alcançar diversos objetivos individuais.

Dessa forma, os conhecimentos práticos que a área de Recursos Humanos, o departamento jurídico e a alta direção dispõem para desenrolar rolos com vistas à negociações terão grande possibilidade de conquistar melhores índices de harmonia interna, trabalhando uníssono a tais movimentos, posto disporem ao RH suas estratégias organizacionais já claras e objetivas o suficiente, com mais sentido para os colaboradores que, por sua vez, ficarão também mais possibilitados de participar de planejamentos na organização para que, melhores posicionados, contribuam para o desenvolvimento da planificação de seus departamentos.

A quarta hipótese: o conflito de interesses e o consenso

Interesse é o resultado desejado em algum tipo de negociação que, se existe, apresenta no mínimo duas pessoas que escolhem posições geralmente opostas e em conformidade com seus próprios interesses. Ocorre que nem sempre as partes envolvidas comunicam-se o suficiente para que ocupem outras posições que não as que já se encontram, seja pela apresentação de resposta única ou pela falta de reflexão em alternativas mais viáveis que beneficiem todas as partes envolvidas nesse processo.

A unilateralidade de resposta resulta em que uma parte ganhe e a outra necessariamente perca. Situação ideal para que um conflito de interesses seja instaurado e, com ele, o consenso se afaste, deteriorando as negociações/mediações.

A falta de reflexão, por sua vez, demonstra o desinteresse no encontro ou na apresentação de escolhas. Sem escolhas, só há um caminho, e percorrê-lo com tal obrigatoriedade anula as oportunidades do(s) outro(s), generalizando o rolo.

Desenrolando os rolos empresariais

Associados às situações, os conflitos geram expectativas subliminares de apropriação de espaço, alicerce, poder, prestígio ou de ganhos financeiros.

Todavia, sua visão mais recente é a "interacionista", que os observa como necessários e como ótimas fontes para novas ideias e ideais.

O que se busca adaptar, então, é desenrolá-los de maneira que se contraponham aos tumultos, litígios, pendências, incompatibilidades e predileções, para que impulsionem ideias valiosas, desencadeadoras de mudanças positivas, visando uma melhoria de produção, para que a organização, os colaboradores e os consumidores aufiram lucros que ultrapassem o financeiro.

Uma breve análise histórica assevera a igualdade das relações em todos os planos. No âmbito sociocultural (do patriarcado para a relação homem x mulher influenciada pelo modelo de ideal feminino contemporâneo); no âmbito político (da ditadura à nova República democrática sendo seguida); no âmbito econômico (dos monopólios à concorrência), embora as pessoas continuem naturalmente diferentes umas das outras.

Desenrolar os rolos empresariais seria, a meu ver, investir em criatividade suficiente para harmonizá-los. Uma tarefa de incumbência cabível não somente aos responsáveis diretos, mas ao público interno em geral, como resultado de um surpreendente processo de reparação mútua e de construção de grupos de trabalho.

Para tanto e de maneira óbvia, haveria um grande desafio a ser enfrentado: conseguir fazer as pazes com os conflitos, estruturando-se na ideia de cooperar para negociar.

Nesse aceite, o ideal é a ciência — ainda que superficial — da gravidade dos rolos, para que seja possível mensurar o grau de sucesso obtido com cada estratégia adotada:

- Os que não geram estresse são conhecidos como "conflitos percebidos". Ocorrem sempre que houver oportunidade de interferência ou de bloqueio dos objetivos. Com esses, todo cuidado é pouco, pois costumam ficar no nível do subentendimento.

- Os que geram relativo estresse são chamados "conflitos experienciados". Normalmente se apresentam em ocasiões em que sentimentos de hostilidade, descrédito ou medo, embora nutridos, não são manifestados.

- Os que geram excessivo estresse são denominados "conflitos abertos". Costumam manifestar-se em interações em que não há qualquer esforço para dissimular sentimentos negativos ou ações contraproducentes.

Os conflitos começam a ser desenrolados quando, no emaranhado, o "fio da meada" assume o significado de comunicação, ou seja, de "ação comum", com preocupação menos voltada para a informação (certeza de que o recado foi entregue) do que com a própria ação de comunicar (assegurar-se sobre a compreensão da mensagem).

Particularmente, acredito que esse significado começa a ser mais bem compreendido com a união das quatro hipóteses discorridas e que, resumidamente, sugerem um "*learning by doing*" (aprender fazendo) com a compreensão de que saber negociar é o melhor negócio de todos para todos.

O resgate de direcionamentos estratégicos ausentes, como ter coragem de comunicar, aceitando ser comunicado ao mesmo tempo, também poderá vir a ser útil nessa forma de aprendizado.

O especialista, escritor e empreendedor Julian Treasure trata sobre "como falar de um jeito que as pessoas queiram ouvir". Ele faz apontamentos sobre um caminho que penso ser útil para que o leitor entenda "aceitar ser comunicado" como algo relativamente simples, mas que, dependendo da ocasião, passará a ser extremamente complexo. Por exemplo: uma reunião de cobrança de metas.

Como "bater metas" será sempre possível, mas "bater em pessoas", com certeza, inviável, caberia, no caso, aos gestores que implementassem suas formas de comunicação verbal, conforme sugerido pelo autor em questão, ou seja, com o acrossílabo HAIL: *Honesty* (honestidade), *Authenticity* (autenticidade), *Integrity* (integridade) e *Love* (amor).

Por essa analogia, creio ter ficado mais fácil imaginar como seria desenrolar rolos em uma empresa formada por pessoas que soubessem comunicar assertivamente, para um público que os ouvisse conscientemente e em ambientes aptos para os propósitos.

Não custa acrescentar que a adoção de tal sugestão poderia minar espaços para inclusões de "improvisos", formas prejudiciais apresentadas por muitas empresas que ainda não se sentem desafiadas o suficiente, para conseguirem separar as pessoas dos problemas.

Registro esta teoria para você, amigo leitor, inspirado pela prática, objetivando prevenir e auxiliar empreendedores, cujo interesse esteja em desenrolar rolos, de maneira singela, embora difícil, como geralmente acontece no transitar do óbvio para o simples.

Referências

CHIAVENATO, Idalberto. *Introdução à teoria geral da administração: uma visão abrangente da moderna administração das organizações*. 7.ed rev. e atual. Rio de Janeiro: Elsevier, 2003.

_____. *Introdução à teoria geral da administração: uma visão abrangente da moderna administração das organizações*. 7.ed rev. e atual. Rio de Janeiro: Elsevier, 2008

FRANÇA, Fábio; LEITE, Gutemberg. *A comunicação como estratégia de recursos humanos*. 2.ed. São Paulo: Qualitymark, 2015.

Capítulo 13

Quarta revolução industrial, mundo VUCA, disrupção e novas tendências no mundo corporativo: como a liderança lida com os conflitos da nova era?

Iolanda Miranda

A humanidade vivenciou profundas mudanças no decorrer dos últimos séculos, que afetaram significativamente todas as esferas de nossas vidas. Entretanto, estamos vivenciando uma mudança radical que se expande em velocidade exponencial. A transformação digital e as tecnologias emergentes trouxeram disrupções e mudanças na forma de viver, fazer negócios e liderar, dá-se origem a uma nova era.

Iolanda Miranda

Fundadora e CEO da Lidera Treinamento e *Coaching*, formada em Comunicação Social e Aperfeiçoamento em Gestão de Pessoas. Com duas formações em *Coaching* pela Organização Internacional Condor Blanco e pela Sanchez e Clemente. *Master Coaching* e formação avançada no Chile, aperfeiçoamento em *Coaching* com PNL. É analista de Perfil Comportamental e especialista em Desenvolvimento Humano, com mais de 17 anos de experiência em palestras, treinamento e desenvolvimento de líderes e equipes de alta *performance*. Criadora da metodologia "Comunicare" de Comunicação e Oratória. Autora de dois métodos de desenvolvimento humano: um de "Competência Intrapessoal para Resultados e Mudança de *Mindset*" e outro para "Desenvolvimento de Lideranças". Especialista em programas de liderança, empreendedorismo e empoderamento feminino e criadora do Programa Conciliando Papéis, para mulheres. Idealizadora e curadora do programa "Delas", voltado para mulheres, na Rádio 93 FM.

Contatos
lideracoach.com.br
iolanda@lideracoach.com.br
Instagram: iolandacoach
Facebook: Iolanda Miranda
LinkedIn: Iolanda Miranda
(31) 98876-1057

O mundo não é mais como era no início do século. Em menos de vinte anos, as tecnologias de comunicação e informação se popularizaram, rompendo os paradigmas do antigo mundo e transformando as relações e o modo de se fazer negócio.

A industrialização, como processo de transformar matéria-prima em produtos comercializáveis, sempre contribuiu para essas mudanças. Em seu processo de inserir inovações tecnológicas, trouxe impactos globais nos âmbitos social, econômico e político.

A *Primeira Revolução Industrial* foi impulsionada pela máquina a vapor e seu aprimoramento. Na *Segunda Revolução Industrial*, a eletricidade e a produção em massa. Recentemente, com a ascensão de microprocessadores e da computação, possibilitou-se um novo salto em eficiência e produtividade, levando à *Terceira Revolução Industrial*.

E, neste momento, vivemos a Quarta Revolução Industrial. Essa nova revolução é caracterizada pela fusão de tecnologias e o estreitamento de limites entre os mundos físicos, biológicos e digitais, gerando oportunidades e desafios.

Nanotecnologia, neurotecnologia, biotecnologia, robótica, inteligência artificial e armazenamento de energia. Tecnologias que interagem entre si e com a capacidade de operar, de tomar decisões de forma quase autônoma no ambiente de produção, promovendo, assim, substanciais ganhos de produtividade e flexibilidade, transformando a natureza do trabalho industrial.

Esse processo transita em mercados inteligentes, não só na indústria, e impacta em experiências, novas formas de consumo, maneiras particulares de se relacionar com produtos e, por consequência, com pessoas.

As inovações trazem panoramas diversificados e, diante de tanta mudança, dizemos que vivemos no mundo VUCA, termo americano que surgiu nos anos 90 para traduzir os cenários instáveis e muitas vezes complexos dos campos de guerra da época. Volátil, Incerto, Complexo e Ambíguo (*Volatility, Uncertainty, Complexity e Ambiguity*). Vamos entender.

Passamos por um momento de grande **Volatilidade**, modelos de negócios vão surgir e morrer, as coisas são repensadas numa incrível velocidade.

A **Incerteza** significa que não podemos prever o que vai acontecer, não sabemos o que vai emergir em vários aspectos. Questões climáticas, sociais, políticas e econômicas podem mudar o rumo das coisas.

Na **Complexidade**, muitos pontos estão interconectados e interagindo mutuamente com alto nível de processamento de informações. Quanto mais evolução, mais complexidade, e tudo isso interage ao mesmo tempo.

Na **Ambiguidade**, aprendizado no convívio com novos paradigmas, culturas, crenças e realidades totalmente opostas. Diferenças coexistindo num mesmo espaço, ao mesmo tempo.

Tudo isso nos contrapõe à adaptabilidade, ao enfrentamento de desafios, à quebra de modelos, a novas formas de gerir negócios e pessoas, ao desenvolvimento de competências em todos os âmbitos e, nesse caso, habilidades de liderança e de gestão de tradicionais e de novos conflitos.

Um grande desafio no mundo VUCA é o desenvolvimento de um *mindset* **de mudança**. Desapegar de modelos que funcionaram, mas que não servem mais, entender as pessoas, as gerações, as formas como interagem com essa tecnologia e geram uma verdadeira transição comportamental.

O *mindset* da era industrial defende que a estrutura vertical ainda é muito importante, sem abertura para o pensar e agir horizontalmente. No mundo VUCA, é impossível ser bem-sucedido sem valorizar as relações horizontais, na liderança compartilhada, na colaboração de uma equipe multidisciplinar e com espírito de "*Teaming*"; organizado de tal forma, é capaz de atuar em situações complexas e imprevisíveis, com o "avião em pleno voo".

Outro desafio proeminente é promover o *mindset* **do desenvolvimento humano**. Está claro que um Sistema de Educação Corporativa deve ser repensado e bem desenhado para um processo contínuo de evolução. O desenvolvimento humano é uma ciência e requer investimento como as demais áreas. É preciso priorizar, pensar grande e tecnologicamente também em pessoas, o que acontece no piloto automático e sem planejamento.

É emergencial enxergar o aprendizado na nova ótica das transformações e utilizar a tecnologia como aliada na incorporação de ferramentas como o *Mobile Learning*, plataformas de educação, realidade aumentada, com metodologias de gamificação, videoaulas, aplicativos, realidade aumentada e virtual, livros digitais, cursos de *e-learning* (virtuais) ou *blended learning* (híbrido, virtual e presencial), redes sociais acadêmicas e outras que diversifiquem o aprendizado, que pode ser individual ou em time.

E naturalmente o uso de metodologias e ciências de desenvolvimento humano, tais como: *coaching*, mentoria, PNL, análise de perfil comportamental, constelação organizacional, *thetahealing*, neurociência, psicologia, terapias alternativas e outras.

O mercado de trabalho já passa por uma grande reestruturação e a previsão é de perda de milhões de empregos. Portanto, as novas profissões envolverão aptidões humanas, por isso é que nós especialistas defendemos o investimento no crescimento intelectual e no desenvolvimento de competências comportamentais.

Com que conflitos o líder vai lidar neste cenário de mudanças?

Os conflitos organizacionais podem ser internos ou externos. Os internos ocorrem por dilemas intrapessoais, como no pensamento freudiano, em que os conflitos internos são uma briga interior.

Os externos referem-se aos conflitos relacionais, de expectativas e de comunicação na maioria das vezes.

Nesse cenário, surgem conflitos inerentes às corporações que antes tinham menos força e hoje surgem como gigantes, outros que acompanham os processos de transformação e são específicos dos contextos do mundo VUCA e, claro, aqueles que neste ambiente nem surgiram ainda e possivelmente só saberemos quando acontecer.

Conflitos internos: autoliderança e mudança no cenário VUCA. Como os líderes vão lidar com isso?

Os conflitos internos impactam consideravelmente as pessoas, por um lado pode ser favorável, porque tira o profissional da zona de conforto, por outro lado, pode ser uma barreira no desempenho, na produtividade, nas relações interpessoais, na forma de se ver, de se projetar, nas crenças sobre si mesmo e na maneira de atingir seus objetivos.

O próprio líder está nesta berlinda e neste cenário de mudanças, e ele mesmo terá que vencer seus conflitos internos. Muitas questões dicotômicas da cultura, crenças, filtros, experiências e vivências – a história de cada um e a programação mental que já foi estabelecida ao longo da vida – podem entrar em choque com o ambiente VUCA.

O líder deve estar disposto a olhar para tudo isso como parte do seu processo evolutivo e com foco na autoliderança, que é a capacidade de liderar a si mesmo, resolvendo seus conflitos internos, assumindo a responsabilidade e o controle sobre sua vida e trajetória, buscando capacidades, habilidades e motivação para atingir seu propósito e objetivos. Desenvolvendo pensamentos, atitudes e comportamentos coerentes, construtivos e até disruptivos. Trabalhar de dentro para fora, desenvolver as *skills* da autoliderança, que são:

Autoconhecimento: se autoavaliar, conhecer suas fortalezas e pontos a melhorar, limites, dores, sentimentos e crenças;
Autoaceitação: aceitar sua história, suas demandas e seu processo de mudança;
Autorresponsabilidade: assumir a responsabilidade por seus pensamentos, atitudes e resultados;
Inteligência emocional: conhecer e lidar com seus sentimentos e emoções e os dos outros;
Reprogramação de seu *mindset*: reprogramar emoções, sentimentos e a mentalidade para crescer;
Autogestão: gerir seu processo de mudança e autodesenvolvimento, sair da zona de conforto e partir para a ação.

Já nas equipes, esse processo interno precisa ser feito pela própria pessoa, mas as lideranças são primordiais para incentivar e promover essa compreensão e o comprometimento dos liderados em seu processo.

Quais outros conflitos acompanham as mudanças exponenciais?

De acordo com Warren Bennis, um dos maiores gurus da liderança, os verdadeiros líderes não evitam, reprimem ou negam o conflito antes de enxergá-los como uma oportunidade. Neste cenário, os problemas serão complexos, assim como o próprio ambiente. Conflitos tais como:

- Questionamentos, resistência e inflexibilidade às mudanças;
- O contraponto das pessoas disruptivas com as de pensamentos tradicionais;
- Escassez de pessoas com esse modelo mental;
- Falta de colaboração entre as equipes, conflitos de gerações (X, Y e Z) e desigualdade de gêneros;
- Dificuldade de trabalhar com metacognição;
- Não acompanhamento dos processos de mudanças;
- Falhas e falta de comunicação da liderança com os *stakeholders*;
- Dificuldade das lideranças de estabelecerem um plano de médio e longo prazos no ambiente tecnológico e instável;

- Insegurança, tensões, ansiedades e medo no ambiente VUCA;
- Frustração de uma ou ambas as partes, por impossibilidade de atingir os objetivos e expectativas devido a algum tipo de interferência, limitação pessoal, técnica ou comportamental;
- Diferenças de personalidade, de pontos de vista, percepções e entendimento;
- Falta de alinhamento da cultura individual e/ou dos grupos com a cultura tecnológica da organização.

Além dos tradicionais causadores de conflitos que são intrínsecos ao ambiente corporativo, mas que devem ser percebidos e tratados, tais como: Falta de alinhamento da liderança com suas equipes, de alinhamento entre setores da empresa; diferenças culturais e individuais; divergência de metas; emoções não expressas ou não gerenciadas; expectativas não atendidas; luta por poder e *status*; meio ambiente adverso e preconceituoso; competição entre as pessoas; exploração de terceiros (manipulação); escassez de recursos, de informação, tempo e tecnologia, falta de trabalho em equipe e **falta de liderança.**

Que perfil de liderança é requerido neste cenário? Quais outras competências serão necessárias para lidar com esses conflitos?

Para lidar com todo este contexto de mudanças e para resolver os possíveis problemas que virão, surge o perfil de liderança exponencial ou 4.0. Muitos desses conflitos citados não são novos, mas se potencializam no cenário VUCA.

Um perfil de liderança exponencial, que se prepara e sabe lidar com um cenário complexo, incerto e ambíguo em ecossistemas variados, que utiliza tecnologias e métodos ágeis para sua gestão, que percebe que novas competências e atitudes são exigidas a todo momento para que as tomadas de decisão e mudanças aconteçam de forma rápida sem prejudicar os resultados. Uma liderança compartilhada, que faz alinhamento de propósito, com visão múltipla associada a um grande chamado transformador, engajamento pessoal, mentalidade abundante, coragem e ousadia para não aceitar o mundo como ele é, que compreende que é agente de uma mudança cultural exponencial.

Líderes com habilidade de intermediar, acolher e integrar, gerando mais coisas novas e alimentando o ciclo evolutivo da nova era. Um profissional que cria perspectiva e pensamento sistêmico; disruptivos, com clareza de sua missão e que saibam como unir propósito e autodesenvolvimento para acompanhar as mudanças, que definem metas de alto desempenho e a valorização do pensamento criativo e inovador.

Com habilidades cognitivas e de metacognição (aprender a aprender), capazes de assimilar as transformações, ensinar e reaprender.

Um tipo de líder que se organiza conforme o contexto e que sabe:

1. **Contextualizar o desafio;**
2. **Promover o fracasso inteligente** (aprender com os erros);
3. **Criar segurança psicológica:** ambiente seguro e confiável;
4. **Promover o crowdsourcing:** reunir as pessoas para agregar seus conhecimentos num processo colaborativo em torno da solução de problemas;
5. **Ser futurista:** que cria o futuro;
6. **Ser inovador:** que utiliza todos os recursos com habilidade, criatividade e mentalidade de crescimento.
7. **Ser tecnológico:** atento às inúmeras tecnologias;
8. **Ser humanitário:** agir de forma transparente e com responsabilidade social e ambiental para impactar de forma positiva a vida das pessoas e da sociedade.

Outras habilidades do líder exponencial:

- Tem agilidade e habilidade para navegar em épocas de instabilidade e um mundo com dinâmica acelerada;
- Toma decisões com base em dados preditivos e não em planejamentos estratégicos obsoletos;
- Dá espaço e autonomia às equipes e permite a experimentação;
- Extrai das pessoas propósitos e intenções maiores do que apenas cumprir tarefas entediantes; propicia o propósito transformador;
- É bilateral: pensa como investidor e como operador do negócio.

O líder exponencial combina *hard e soft skills*, mas é muito afiado nessa última, que é o grupo de habilidades mais importantes para mobilizar pessoas. Caminha ainda no sentido de desenvolver potenciais, conhecimentos e talentos, por meio do *growth mindset* (mentalidade de crescimento), ativando a crença de que todos podem aprender e melhorar.

Referência

KORNELSEN, Johann. *The quest to lead (with) millennials in a VUCA--World: bridging the gap between generations.*

Capítulo 14

Confidencialidade na mediação de conflitos

Ivone Saraiva

O presente capítulo objetiva comentar o papel do Princípio da Confidencialidade no sucesso das mediações e suas eventuais intercorrências com os princípios da Oralidade e da Autonomia da Vontade das Partes. Aborda também a questão da mediação entre entes privados e públicos e, por fim, trata das possíveis penalidades pela não observância do Princípio.

Artigo escrito em fevereiro de 2018 por ocasião da obtenção da Certificação Nivel 1 do ICFML, com revisão.

Ivone Saraiva

Economista, pós-graduada em Planejamento Global no CEPAL/ILPES em Santiago-Chile, com MBA Executivo e MBA de Marketing no COPPEAD/UFRJ. Formação em: Governança Corporativa, Coaching, Mediação Extrajudicial e Judicial e em Negociação Empresarial. Trabalhou por 25 anos no BNDES e, posteriormente, foi CEO do Grupo Schahin e, em seguida, CEO do Grupo PEM SETAL. Fundou em 2007 a Double Energy do Brasil, onde atuou na captação de recursos. Atuou por seis anos na Diretoria e no Conselho Estratégico da ABDIB. Sócia-diretora da empresa Liver Consultoria e Participações, como *coach* profissional, é Consultora da CVM, é Mediadora das Câmaras de Conciliação, Mediação e Arbitragem da FGV, do Instituto de Engenharia–CMA-IE, Mediadora Internacional certificada pelo ICFML/ IMI e Mediadora AD Hoc. É mediadora civil e de família em São Paulo, nos Fóruns Regionais de Santana, da Vergueiro e do Fórum Central. A partir de 10.05.19, participa do Conselho de Administração do BDMG.

Contato
isaraiva@liverconsultoria.com.br

1- INTRODUÇÃO

A mediação, como um processo alternativo de solução de conflitos, vem ganhando espaço em todos os Países, inclusive no Brasil[1], em todas as áreas de possível conflito (família, civil, empresas, escolas, meio ambiente, infraestrutura etc.) e ocorrem entre entes privados-privados, privados-públicos e públicos-públicos. Essa utilização cada mais frequente da mediação se explica, de um lado, porque a mediação tem o papel relevante de desafogar os processos que correm no Judiciário e de outro lado traz a oportunidade de uma resolução de conflito não adversarial o que enseja uma continuidade das relações com benefícios econômicos e sociais, com rápida resolução no tempo e menor custo, com maior comprometimento com os acordos feitos e da real oportunidade de inclusão de todas as camadas sociais à resolução de seus conflitos garantindo o cumprimento da Lei que explicita que "aos necessitados será assegurada a gratuidade da mediação".

No Brasil, em 26.06.2015, foi promulgada a Lei de Mediação de número 13.140 que dispõe sobre a Mediação como meio de solução de controvérsias entre particulares e sobre a auto composição no âmbito da administração pública. No que concerne ao enfrentamento dos conflitos de interesses no âmbito do Poder Judiciário, já estava em vigor a Resolução CNJ, 125, de 29.11.10.

O mediador de conflitos, judicial ou não, sendo um profissional escolhido pelas Partes para apoiá-las na superação do conflito, é um profissional preparado e qualificado[2] que se utiliza de diversas técnicas e ferramentas da mediação para tal objetivo e deve seguir estritamente os princípios da mediação presentes na Resolução CNJ 125 de 29.11.10, na Lei 13.140 de 20.06.15, nos Códigos de Ética do

---

1   BRAGA NETO, Adolfo. *Mediação: uma experiência brasileira.* Editora CL-A Cultural Ltda., 2017. 110-111.
2   Ibidem. p. 106-107 e ALMEIDA, Tania. *Mediação de conflitos*, Editora JusPODIVIN,259-260.

CONIMA[3] e da FONAME[4] e presentes em todas as regulamentações das diversas câmaras de mediação e arbitragem.

2- PRINCÍPIOS DA MEDIAÇÃO

A Lei de Mediação e a Resolução 125 definem como os princípios básicos da mediação: imparcialidade do mediador, isonomia das partes, oralidade, informalidade, autonomia da vontade das partes, busca do consenso, confidencialidade e boa-fé.

Dentre todos esses princípios, o Princípio da Confidencialidade tem um papel destacado pela sua importância no sucesso do processo de Mediação. Assim, no presente artigo, exploraremos esse Princípio e, onde couber, mais dois princípios, o da Autonomia das Partes e da Oralidade, que, ao nosso ver, mostram alguns pontos de possíveis superposições/interseções ao Princípio da Confidencialidade, atuando ora a favor ou, eventualmente, prejudicando a eficácia deste Princípio.

3- PRINCÍPIO DA CONFIDENCIALIDADE:

a) Sobre a importância do Princípio:

Previsto na Lei 13.150/15 o mediador deverá, logo na primeira reunião ou sempre que julgar necessário, alertar as partes desse Princípio, tamanha é a sua importância reconhecida pelos legisladores. Sem dúvida, o exercício deste Princípio aumenta a confiança no processo permitindo que informações confidenciais ou estratégicas sejam reveladas facilitando o conhecimento dos interesses[5] das Partes e possibilitando a superação do conflito e a possível realização de um acordo.

Igualmente, o conhecimento dos interesses permite a formulação criativa de opções múltiplas e satisfatórias[6] que "aumentam resultados" contribuindo para que o conflito não tenha apenas o dilema ganha vs. perde.

Reforçando o impacto da confidencialidade na mediação, este Princípio entendido de modo abrangente, mitiga o temor de que as informações reveladas possam ser usadas contra a Parte reveladora,

---

3   CONIMA: Conselho Nacional das Instituições de Mediação e Arbitragem, entidade que tem como objetivo principal congregar e representar as entidades de mediação e arbitragem, visando a excelência de sua atuação.

4   FONAME: Fórum Nacional de Mediação, entidade destituída de personalidade jurídica, foi criada em 2007 com o propósito de promover a troca de ideias e recursos voltados à promoção da mediação e a difusão da cultura da paz.

5   FISHER, Roger; URY, William; PATTON, Bruce. *Como chegar ao sim: negociação de acordos sem concessões.* Imago, 2005. 58-59-60.

6   FISHER, Roger; URY, William; PATTON, Bruce. *Como chegar ao sim: negociação de acordos sem concessões.* Imago, 2005.p. 75-98.

particularmente na hipótese de as negociações falharem e o conflito migrar para a esfera judicial. Há previsão na legislação de que o
mediador (Lei 13.140/15, artigos 6 e 7) "fica impedido, pelo prazo de
um ano, contado do término da última audiência em que atuou, de
assessorar, representar ou patrocinar qualquer das partes" e "o mediador não poderá atuar como árbitro nem funcionar como testemu-
nha em processos judicias ou arbitrais pertinentes a conflito que tenha atuado como mediador". Esta previsão legal torna explícita que
a confidencialidade extrapola o momento da mediação.

Releva destacar que o Princípio da Oralidade presente na mediação, observa que não deve haver notas e registros dos fatos na
mediação. Isso assegura que informações reveladas durante o processo não possam ser usadas como provas no julgamento do conflito, se ele for judicializado.

Outro ponto importante é a certeza da confidencialidade nas
sessões privadas conhecidas como "caucus"[7] (Lei 13.140/15, artigo
31). A legislação garante total privacidade daquilo que é conversado
nas reuniões privadas e o mediador somente poderá revelar para a
outra Parte com o consentimento da Parte reveladora. Porém, mesmo que as Partes não autorizem a revelação, o fato de as Partes
terem expostos, ao mediador, os seus pontos de divergência/acusa-
ções, confiantes no princípio da confidencialidade, já contribui para
que o mediador ajude na busca de opções criativas.

Há, entretanto, um ponto na mediação com entes públicos que
remete para o Princípio da Publicidade da Administração Pública,
em especial a partir da Lei de Acesso à Informação (Lei 12.527/2011).
Nesse caso, torna-se um pouco mais complexa a aplicação plena do
Princípio da Confidencialidade, quando se trata de uma mediação
entre um ente público e privado. Nesses casos, a prática tem mostrado que tem prevalecido o Princípio da Publicidade e Transparência exigida ao setor público, na maioria dos casos.

b) Abrangência: a quem atinge o princípio?

Quem e o que estão sujeitos a esse Princípio? De acordo com a
Lei de Mediação, no capítulo do artigo 30, está previsto que "toda
e qualquer informação relativa ao procedimento de mediação será
confidencial em relação a terceiros, não podendo ser revelada sequer em processo arbitral ou judicial salvo se as Partes expressamente decidirem de forma diversa ou quando a sua divulgação for
exigida por lei ou necessária para o cumprimento de acordo obtido
pela mediação" e o respectivo parágrafo 1 diz ainda que" o dever

---

7   ALMEIDA, Tânia. *Caixa de ferramentas na mediação: aportes práticos e teóricos.* Dash
Mediação, 2016.221-223.

da confidencialidade aplica-se ao mediador, às partes, a seus prepostos, advogados, assessores técnicos e a outras pessoas de sua confiança, que tenham direta e indiretamente, participado do procedimento da mediação".

Igualmente, os Códigos de Ética do mediador adotados pelo CONIMA e FONAME interpretam de forma abrangente o princípio da confidencialidade e o Código de Ética e os Regulamentos das Câmaras de Mediação confirmam a abrangência do Princípio em questão.

Importante ressaltar que a Lei 13.140/15 prevê exceções no artigo 30, parágrafos 3 e 4:

a) Não está abrigada pela regra da confidencialidade a informação relativa à ocorrência de crime de ação penal;

b) A regra de confidencialidade não afasta o dever de as pessoas abrangidas pela confidencialidade prestarem informações à administração tributária após o término da mediação, obrigando-se os seus servidores a manterem sigilo das informações compartilhadas nos temos do artigo 198 da Lei 5.172 de 25.10.66-Código Tributário Nacional.

Por outro lado, a Lei 12.527/2011 de Acesso às Informações prevê também que se preserva o sigilo das informações no caso de elas violarem o respeito à intimidade, vida privada, honra e imagem das pessoas, que traga risco à soberana nacional e que envolvam, segredos industriais.

c) Confidencialidade vs. Vontade das Partes:

Importante ressaltar que todas as legislações e normas citadas, quando falam nas exceções à confidencialidade, dizem também que o princípio pode ser excepcionalizado "se as partes expressamente decidirem de forma inversa".

O Princípio da Autonomia da Vontade, conforme explicitada na Lei, é considerado como o poder que as pessoas têm de optar por participar do processo ao conhecer essa possibilidade, podendo interrompê-lo a qualquer tempo e gerindo seu próprio conflito, bem como, tomar as suas próprias decisões durante ou ao final do conflito[8].

Assim, esse Princípio indica que, se as Partes assim o quiserem, podem não atender ao Princípio da Confidencialidade (Lei 13.140/15, artigo 30 da Lei, caput).

A reflexão sobre essa possível dicotomia, não elimina o entendimento que, de fato, as Partes têm garantido, no Princípio da Vontade das Partes, essa prerrogativa de "suspender" o Princípio da Confidencialidade e de prosseguir com a mediação arcando com as possíveis consequências dessa suspensão da Confidencialidade.

---

8   ALMEIDA, Tânia. *Caixa de ferramentas na mediação: aportes práticos e teóricos.* Dash Mediação, 2016.221-223.

4- SANÇÕES PELO DESRESPEITO AO PRINCÍPIO DA CONFIDEN-CIALIDADE

Sobre as possíveis sanções a que estão sujeitos os mediadores, ressalta-se que, o Artigo 5 da Lei 13.140/15 fala que "se aplicam ao mediador as mesmas hipóteses legais do impedimento e suspeição do Juiz" antecipando que o mediador está sujeito à uma ação penal na hipótese de inobservância do Princípio da Confidencialidade.

Diferentemente de outras profissões reguladas que têm uma associação de classe que os fiscalizam como é o caso dos advogados, médicos, psicólogos, o mediador não tem a profissão regulada e não tem uma associação de classe que os fiscaliza e lhes imponha, por exemplo, um desligamento da Associação levando-os à impossibilidade de continuar a exercer a profissão. Por outro lado, nas mediações institucionais, em regra geral, as Partes e o mediador assinam um Acordo de Confidencialidade que irá regular esse Princípio se tornando o instrumento contratual de punição dos entes envolvidos na mediação, na hipótese de não observância da confidencialidade.

Do outro lado, a Resolução 125 também, em seu artigo 12, parágrafo 4, reza que:" os mediadores, conciliadores e demais facilitadores de diálogo entra as Partes, ficarão sujeitos ao código de ética estabelecido pelo Conselho Nacional de Justiça".

Importante ressaltar que no âmbito dos mediadores certificados pelo ICFML-Instituto de Certificação e de Mediadores Lusófonos e IMI-International Mediation Institute, os respectivos Códigos de Ética preveem um processo de apuração dos desvios de comportamento dos mediadores (*Professional Conduct Assessment Process*), sendo um canal formal de apuração dos desvios de conduta dos agentes da Mediação.

Além dessas sanções, resta a própria sanção do mercado que pode divulgar e reverberar o comportamento de inconfidencialidade do mediador tendendo a haver uma natural exclusão desse mediador do mercado de trabalho.

5- CONCLUSÕES

O Princípio da Confidencialidade previsto na legislação brasileira e reverberado por todas as instituições que normatizam o instrumento da mediação traz, para a prática da mediação no Brasil, suficiente garantia que ele será observado, garantindo um processo exitoso. Os princípios da oralidade e da vontade das partes apoiam a aplicação daquele princípio.

No caso das mediações entre entes privados e públicos, dado que estes últimos são regidos também pela Lei de Acesso às Informações, poderá haver situações que o ente público, pelo poder econômico e político que tem, pode constranger o ente privado levando-o a concordar em dar publicidade ao processo. Nesse caso, talvez o adequado seria que, na mediação entre esses dois entes, a Lei de Acesso à Informação pudesse excepcionalizar o ente público permitindo que a confidencialidade se mantenha, fazendo que o ente privado se veja mais protegido.

Por fim, as sanções possíveis pelo não cumprimento da confidencialidade, estão garantidas na legislação (Lei 13.140/15 e Resolução CNJ 125/10), inclusive equiparando o mediador aos juízes e, portanto, com consequências penais e também em outros instrumentos como os Acordos de Confidencialidade previamente assinados, ou ainda pelas regras do ICFML que legisla sobre os seus mediadores certificados.

Entretanto, é relevante destacar que não está clara, em nenhuma legislação/regulamentação, a forma de aferição desses desvios.

Por fim, destaca-se que talvez fosse importante os mediadores criarem uma Associação de Classe que os fiscalizem e possam desligá-los da Associação em caso de infração desse Princípio, valorizando assim a profissão do mediador.

Considerando o exposto, concluímos que o Princípio da Confidencialidade, embora com a possibilidade de algumas imperfeições pontuais, é um fator estruturante na mediação e talvez o principal fator de sucesso nas mediações, mesmo considerando as intercorrências com o Princípio da Autonomia da Vontade, conforme anteriormente abordadas.

Referências

ALMEIDA, Tania. *Mediação de conflitos*. Editora JusPODIVM, pp. 259-260.

_____.*Caixa de ferramentas na mediação: aportes práticos e teóricos.* Dash Mediação, 2016.

BRAGA NETO, Adolfo. *Mediação: uma experiência brasileira.* Editora CL-A Cultural Ltda., 2017.

BRASIL. Lei 12.527 de 18.11.11 de Acesso à Informação, Lei 13.105 de 16.03.15-Código de Processo Civil-CPC, Lei 13.140 de 20.06.15, Lei da Mediação, Lei 5172 de 25.10.66 -Código Tributário Nacional, Resolução 125 de 29.11.10 do Conselho Nacional de Justiça.

FISHER, Roger; URY, William; PATTON, Bruce. *Como chegar ao sim: negociação de acordos sem concessões.* Imago, 2005.

Capítulo 15

As necessidades humanas e os conflitos

Joincy Luz

"Das necessidades humanas não atendidas nas relações originam-se os conflitos."

Joincy Luz

Coach, Mentora, Mediadora de Conflitos e Facilitadora de Grupos. Com mais de 25 anos de experiência em organizações, construiu sua carreira em empresas de renome tais como: EcoSocial, Banco Santander, Banco Real, ABN Amro Bank, Bradesco e Serpro, onde foi executiva em RH. Possui habilidade em atuar na dinâmica dos grupos, tornando-os mais produtivos e eficientes, e na facilitação de reuniões, treinamentos, estudos, *workshops*, oficinas, congressos, etc. Com formação pela SBDG – Sociedade Brasileira da Dinâmica dos Grupos. Exerce mentoria para executivos e profissionais de RH. É Facilitadora do Grupo de Estudos sobre Mentoring na ABRHSP. É Consultora Organizacional formada pela Adigo. É Coach formada pelo Instituto EcoSocial, vinculado à International Coaching Federation-ICF. É coordenadora e facilitadora do curso "Conversas Difíceis: Como transformá-las em diálogos construtivos." É Certificada como Mediadora de Conflitos Organizacionais na Metodologia "U" pela Trigon Entwicklungsberatung – München – Deutschland. Formada como Mediadora e Conciliadora Judicial pela Algi. Psicopedagoga, com Pós-Graduação pelo Sedes Sapientae. Aconselhadora de Carreira, com Pós-Graduação pela FIA/USP.

Contatos
joincy.luz@gmail.com
Facebook: Joincy Luz
LinkedIn: Joincy Luz
(11) 97210-1334

Em um dos *workshops* sobre conflitos que facilitei, Luiza levantou a mão e nos contou que em uma reunião de equipe em que apresentava o status de um projeto sob sua responsabilidade, seu gestor começou a questionar alguns números que apresentava. No campo das emoções sentiu medo, seu coração disparou. No campo dos pensamentos tinha um turbilhão de ideias de como deveria reagir ao que para ela era um ataque. No campo do comportamento, paralisou e sua apresentação foi horrível, segundo ela. Gaguejou, se perdeu nas explicações, queria terminar logo e sair dali. O que aconteceu com Luiza?

Já Roberto, Gerente de Desenvolvimento de Produtos em um grande banco, ao apresentar um novo produto aos diretores que o aprovariam, teve uma chuva de objeções em relação ao produto. A pressão foi enorme. Em alguns momentos sentiu-se abandonado pelo seu diretor que nada dizia.

No campo das emoções sentiu-se desafiado. No campo dos pensamentos sabia que o produto era muito bom e inovador no mercado financeiro e, que tinha feito um excelente trabalho para responder à todas as objeções. No campo dos comportamentos, foi respondendo com calma as objeções, mostrando fatos e dados, ouvindo com atenção o que lhe diziam. Ao final, com algumas alterações sugeridas pelos diretores, o lançamento do produto foi aprovado e foi um sucesso na superação de metas.

O que levou Luiza e Roberto a tão diferentes comportamentos?

Nós, seres humanos, vivemos para atender nossas necessidades. Desde a "barriga da mãe ", todas as nossas ações na vida são realizadas para atender nossas necessidades, desde a mais básica que é sobreviver até as emocionais, afetivas e sociais.

O psicólogo americano Abraham H. Maslow, um grande e conhecido estudioso das necessidades humanas, nos trouxe a teoria da Hierarquia das Necessidades, que nos ajuda a entender este processo. Maslow as categoriza em cinco, divididas em necessidades primárias (básicas) que são as fisiológicas e as de segurança e as necessidades secundárias, que são as sociais, estima e autorrealização. Sua teoria é representada por uma pirâmide onde na base se encontram as necessidades mais básicas, pois estas estão relacionadas à sobrevivência.

As necessidades fisiológicas são aquelas relacionadas ao ser humano biológico. Tais como: manter-se vivo, respirar, comer, descansar, beber, dormir, ter relações sexuais etc.

As necessidades de segurança são aquelas relacionadas a viver sem perigo, em ordem, de conservar o emprego etc.

As necessidades sociais são aquelas que buscam manter relações humanas harmônicas, sentindo-se parte de um grupo, ser membro de um clube, receber carinho e afeto dos familiares, amigos e pessoas do sexo oposto.

As necessidades de ser estimado busca o reconhecimento das nossas capacidades por nós mesmos e o reconhecimento dos outros da nossa capacidade. Ser digno, respeitado por si e pelos outros, com prestígio e reconhecimento, poder, orgulho e autoestima.

As necessidades de autorrealização buscam aproveitar todo o potencial próprio, ser aquilo que se pode ser, fazer o que a pessoa gosta e é capaz de conseguir, ter autonomia, independência e autocontrole.

Segundo Maslow, uma pessoa busca satisfazer a necessidade de um próximo estágio se a do estágio anterior estiver sanada. Assim, para ter motivação em satisfazer as necessidades sociais, por exemplo, é necessário que a pessoa já tenha satisfeito suas necessidades fisiológicas e de segurança.

A forma como lidamos com a vida para atender nossas necessidades começa a se desenvolver muito cedo, na nossa mais tenra infância. Sofremos o impacto de tudo o que acontece ao nosso redor e de todos à nossa volta. A forma como este "entorno" atende nossas necessidades ao longo da vida constrói o jeito de cada um para lidar com elas.

Quanto mais eu tenho minhas necessidades atendidas maiores serão as possibilidades de sucesso na realização de outras que se apresentarão no futuro, pois há um fortalecimento da autoestima, da sensação de competência, do poder pessoal e do protagonismo. O que possibilita termos mais consciência sobre nós e ficarmos na "condução do eu". Claro que não é possível realizarmos todas nossas necessidades, pois, muitas vezes, para realizarmos uma precisamos abrir mão de outras. São as escolhas que fazemos diariamente.

Na situação descrita por Roberto, claramente podemos enxergá-lo na "condução do seu eu", exercendo seu protagonismo, com pensamentos positivos sobre sua competência profissional e o valor de seu trabalho. Não se sentiu atacado pelos Diretores, mas viu-os como profissionais que precisavam de informações que lhes dessem mais segurança nas decisões. Reconheceu as necessidades dos diretores, ouviu-os com atenção, respondeu as objeções com clareza, aceitou sugestões.

Quanto menos tenho minhas necessidades atendidas ao longo da vida, o histórico de insucesso gravados no meu inconsciente me levam a comportamentos automatizados de autopreservação. Isso me tira a consciência do agora, perco a "condução do eu" e meu protagonismo para lidar com a situação que se apresenta.

No campo dos comportamentos, três situações podem se apresentar: posso sentir raiva, medo ou paralisia. Se sinto raiva corro o risco de desafiar o interlocutor, provocá-lo, usar "jogos de poder". Se sinto medo posso emudecer, engolir, fugir daquele momento. Se me paraliso posso deixar acontecer, "me fingir de morta", mostrar incompreensão pelo outro, me autossabotar.

Na situação descrita por Luiza, ela contou que "paralisou". Não conseguiu reconhecer a necessidade de seu gestor de informações mais claras, pois viu as intervenções dele como um ataque a ela. Seu inconsciente agiu rapidamente na autopreservação de forma automática. Perdeu a "condução de seu eu" e o protagonismo para lidar com o momento.

O que tudo isso tem a ver com conflitos? O endurecimento que sentimos quando um conflito inicia tem origem nas necessidades não atendidas das partes envolvidas na situação.

Vejamos outra situação que já mencionei em um artigo que escrevi para a edição 42 da *Revista de Coaching Brasil*. "Paulo está participando da reunião semanal do Comitê de Aprovação de Crédito no Banco onde trabalha como Diretor Executivo de Risco de Crédito. As discussões estão acaloradas. Posições diversas sobre a decisão de aumentar o limite de crédito de uma grande empresa da região em milhões são lançadas à mesa. João, Diretor Executivo Comercial, olha friamente para Paulo e diz: "Não sejamos inflexíveis", e continua falando e defendendo seu ponto de vista. Paulo sentiu imediatamente seu coração acelerar, seu rosto aquecer e pensou: "O que este idiota quer dizer com isso? Ele está dizendo isso para mim com certeza. Que eu estou impedindo a decisão? Que sou inflexível? Quem ele pensa que é?"

Os conflitos começam assim. Grandes ou pequenos. Uma centelha faz com que um dos lados (ou os dois ao mesmo tempo) sinta corporalmente um endurecimento. Uma centelha jogada, com consciência ou não, endurece. Necessidades próprias e do interlocutor não são reconhecidas.

Este processo acontece no nosso cotidiano, nas diversas situações que vivemos o tempo todo, em todos os nossos relacionamentos.

Quais necessidades de Paulo não teriam sido atendidas para que se sentisse atacado? Pode ter se sentido ameaçado então ficou inseguro, é um profissional respeitado na organização e poderia perder este respeito, sua competência foi ameaçada, sua imagem na organização seria arranhada, entre outras.

A partir deste endurecimento, a forma como lidamos com o conflito iniciado tem a ver com a forma como aprendemos a lidar com nossas necessidades não atendidas.

Paulo, por exemplo, pode se sentir atacado e agir como Luiza. Ou agir como Roberto. Seu comportamento na situação dependerá de como lida com suas necessidades não atendidas e o quanto consegue reconhecer que o outro também tem necessidades.

Referências

MASLOW, Abraham H. *Hierarchy of needs: a theory of human motivation*, 1954.

BURKHARD, Daniel, MOGGI, Jair. *Espírito transformador,* 2000.

BALLREICH, Rudi. *Apostila curso de formação de mediadores em conflitos organizacionais*, 2011.

Capítulo 16

Online Dispute Resolution: **como a inteligência artificial pode contribuir para a resolução de conflitos?**

Júlia Delfino Albuquerque & Gabriela Cabral Gouvêa

Neste capítulo, apresentaremos a *internet* como uma quarta parte no processo de resolução de conflitos. A partir disso, serão analisadas a presença da tecnologia empregada e a influência desta nos comportamentos humanos como fatores que podem intervir na resolução da controvérsia.

Júlia Delfino Albuquerque

Mediadora Judicial e Privada pelo Instituto de Certificação e Formação de Mediadores Lusófonos- ICFML e Internacional Mediation Institute, Pós-graduada em Psicologia Jurídica pela Universidade Cândido Mendes e Mestre pela Universidade Federal de Viçosa. Atua como gestora de conflitos, capacitação e consultoria.

Gabriela Cabral Gouvêa

Graduanda em Direito pela Universidade Federal de Viçosa, pesquisadora de métodos de resolução de disputas *online*, a *Online Dispute Resolution*.

Contatos

Julia - LinkedIn: https://bit.ly/2IWzS6E
albuquerquejulia@me.com / (32) 99828-1341
Gabriela - LinkedIn: gabrielacabralgouvea
gcabralgouvea@gmail.com / (32) 98404-6736

O aumento exponencial das tecnologias de informação e comunicação reordenou atividades econômicas e sociais em direção a uma demanda por um Direito mais ágil e responsivo (ARBIX, 2017, p. 9, apud HADFIELD, 2011), dando origem a novas controvérsias e fazendo com que os métodos tradicionais de resolução de conflitos disponíveis em nosso sistema jurídico se tornassem inadequados ou pouco eficientes. Diante desse contexto, surgiram *startups* jurídicas que desenvolvem sistemas tecnológicos para os setores atrelados ao Direito – as chamadas *lawtechs* ou *legaltechs* -, as quais ofertam plataformas virtuais que possibilitam a resolução online de controvérsias (ODR).

Compreende-se por ODR a "resolução de controvérsias em que as tecnologias de informação e comunicação possibilitam às partes em conflito ambientes e procedimentos ausentes em mecanismos tradicionais de solução de disputas" (ARBIX, 2017, p. 64). Ou seja, plataformas online em que o ambiente de resolução de conflitos é alterado pela inserção da internet ao ponto em que não mais se terá somente os interessados e um terceiro imparcial, mas também a *internet* como uma "quarta parte" responsável por promover a interação dos envolvidos no processo por meio de um ambiente virtual (ARBIX, 2017, p. 64, apud KATSH; RIFKIN, 2001, p. 93-95).

Por ser digital, a ODR tem um potencial inclusivo considerável. O IBGE (2017, p. 5) aponta que 74,9% dos domicílios brasileiros permanentes teve acesso a internet em 2017. São raras as restrições ao uso da ODR em virtude de fatores econômicos. Na verdade, ela intensifica o acesso à justiça (ARBIX, 2017, p. 99, apud Devanesan e Aresty, 2012, p. 281-282), especialmente tendo em vista o fato de que é menos custosa do que a via litigiosa. Entretanto, a falta de informação por parte da população acerca das ADRs faz com que a ODR tenha um alcance relativizado.

A simples correspondência entre os procedimentos realizados online e offline são insuficientes para deslindar as características da ODR, cujo principal avanço é viabilizar o uso interativo da tecnologia de informação que age como vetor a fim de oferecer às partes ambientes e procedimentos ausentes nos procedimentos tradicionalmente empregados (ARBIX, 2017, p. 58). Ou seja, é uma "porta a mais" que visa possibilitar o acesso à uma solução justa, tempestiva e eficiente, não um caminho novo para se chegar a uma porta já existente (ARBIX, 2017, p. 59). Nas palavras de Daniel Arbix (2017, p. 60), "a ODR não é a ADR vista por um espelho tecnológico".

A quarta parte: teoria e análise do viés tecnológico

Uma vez apresentado o conflito, a quarta parte passa a analisá-lo e, dentre o rol de possibilidades para o qual foi programada, pode sugerir acordos e moderar propostas resolvendo o conflito antes mesmo que seja introduzido o terceiro imparcial (ARBIX, 2017, p. 66). Sendo uma ferramenta de inteligência artificial, a quarta parte se adapta aos inputs dos usuários, ajustando seus *outputs* a partir dos dados recebidos e adaptando-se ao processo (ARBIX, 2017, p. 58, apud FOGG, 2003, p. 6).

Conflitos inéditos podem demandar soluções ainda não imaginadas e talvez inalcançáveis pelos métodos tradicionais. Assim, a ODR avança em quesitos não só quantitativos, mas também qualitativos (ARBIX, 2017, p. 108, apud KOHL, 2007, p. 35-40). Pautando-se na tecnologia de informação, ela apresenta um potencial de mutabilidade capaz de acompanhar a velocidade dos avanços tecnológicos, podendo ser reinventada e adaptada para novos contextos que venham a surgir, principalmente aqueles originados no ambiente virtual.

Algumas das funcionalidades da ODR incluem o cálculo de balanços e orçamentos; a oferta de modelos de cláusulas e propostas de acordo; o destaque de informações relevantes ao deslinde da controvérsia; a oferta de novos materiais com vistas a subsidiar o alcance da solução; a indução a reflexões ou decisões (ARBIX, 2017, p. 59, apud LODDER; ZELEZNIKOW, 2010, p. 84); a possibilidade de debater, armazenar, agendar, avaliar e automatizar a triagem dos casos; o aporte de informações e a modulação da linguagem empregada pelas partes, dentre outros. A disponibilização desses instrumentos às partes e ao terceiro imparcial aumenta consideravelmente as chances de resolução da demanda em relação ao procedimento analógico (ARBIX, 2017, p. 64-65/68).

A imunidade emocional da quarta parte à dinâmica dos conflitos é apontada como um dos grandes diferenciais da ODR em relação às ADRs analógicas (ARBIX, 2017, p. 65, apud FOGG, 2003, p. 217-218). Todavia, esta aparente imunidade não pode ser confundida com neutralidade, posto que esta envolve uma abstração subjetiva de qualquer sentimento ou ideologia, o que é inalcançável pelo ser humano ou pela tecnologia de informação por ele projetada. Portanto, deve ser buscada - pelo terceiro ou quarta partes - uma imunidade alcançável, a saber, a imparcialidade, que representa a ausência de interesse no conflito e uma relação de equidistância entre os mediadores e os interessados.

Nessa linha, pode ser precipitado assumir a neutralidade da quarta parte. Isso porque a tecnologia é envolta por arranjos materiais e sociais. Sendo produto da ação humana, ela não está isenta dos processos históricos e expressa as relações sociais e de poder sob as quais se constitui, carregando interesses diversos (OLIVEIRA, 2001, p. 101-102).

Para além dos debates sobre a ausência de neutralidade da ODR, sua imparcialidade também deve ser avaliada. A ODR é contratada por uma das partes do conflito, sendo a outra convidada a integrar o procedimento. Nesse ponto, é fundamental que as *startups* procedam com ética ao não favorecer os interesses do cliente que primeiro as contratou como estratégia empresarial, zelando pelas equidistâncias entre os interessados.

As tecnologias de informação - especialmente aquelas que envolvem o uso de inteligência artificial - carregam um imenso potencial persuasivo capaz de induzir comportamentos humanos comprometendo, portanto, sua idoneidade na resolução de conflitos (ARBIX, 2017, p. 91, apud FOGG, 2003, p. 27). Ferramentas interativas modificam atitudes e comportamentos humanos ao conduzirem processos ou experiências planejados, oferecerem sugestões em momentos específicos e oportunos, oferecerem um layout instigante, supervisionarem a conduta de seus usuários e oferecem respostas - positivas ou negativas - a determinados estímulos (ARBIX, 2017, p. 91, apud FOGG, 2003, p. 31-54).

Ao se portarem como atores sociais, as tecnologias de informação espelham elementos físicos, psicológicos e linguísticos que persuadem os indivíduos, sinalizam autoridade e transmitem credibilidade. A exemplos de robôs antropomórficos ou atendentes eletrônicos que assumem feições humanas com linguagem "simpática", sorrisos e olhos artificiais que expressem emoções, a humanização da tecnologia tende a modificar a relação entre ela e o homem, influenciando no comportamento deste (ARBIX, 2017, p. 93).

A máxima *"code is law"* é delineada a partir do paralelo entre a lei e os códigos de programação. Enquanto a lei é o padrão que regula o comportamento humano offline, as programações dos *softwares* ou *hardwares* determinam este no meio *online* ao estruturarem o que as pessoas são ou não capazes de fazer neste universo (LOCKTON, 2012, p. 2). O software usado certamente modela e direciona o comportamento humano online de forma mais eficiente e sutil que a própria lei (LOCKTON, 2012, p. 2 apud ZITTRAIN, 2008, p. 104). Assim, a própria forma como a ODR é programada impõe às partes balizas que podem restringir ou não seus comportamentos e escolhas, condicionando seu comportamento.

Diante do apresentado, como resultado da ação humana, é possível identificar viés na tecnologia e nos produtos dela advindos - no caso da ODR, nas soluções propostas, por exemplo. Todavia, isso não desqualifica a efetividade da ferramenta, mas impõe um ponto de reflexão que revela um de seus limites, bem como a demanda por um manejo responsável das tecnologias de informação envolvidas no processo.

Conclusão

Os métodos de resolução de conflitos tradicionalmente analógicos, ao serem empregados no ambiente digital, avançam pela atuação do mecanismo de forma preventiva por meio da administração de dados em volume e velocidade superiores a fim de evitar a escalada do conflito (ARBIX, 2017, apud FOGG, 2003, p. 7-11). Nesse sentido, as plataformas deixam de ser mera ferramenta para encurtar distâncias, revolucionando a utilização dos métodos autocompositivos a partir da criação de um ambiente completamente novo e inacessível pelos meios analógicos.

Apesar de, no Brasil, a ODR ser utilizada principalmente para a resolução de demandas de massa e de menor complexidade, a flexibilidade da ferramenta e sua adaptabilidade aos mais diversos conflitos, sejam eles transnacionais ou não, revelam como a ferramenta ainda não atingiu a completude de seu potencial. Tendo em vista sua capacidade de gerenciar dados, pessoas, serviços e distâncias, a ODR torna-se mais inclusiva que a esmagadora parte das ferramentas, as quais não estão preparadas para equacionar conflitos de baixo valor, grande volume e em que as partes estão acostumadas a soluções rápidas e efetivas (a um clique de distância) (ARBIX, 2017, p. 108, apud JOHNSON; POST, 1996, p. 1372-1373).

A relação entre a quarta parte e os interessados na demanda é justamente o fator determinante que faz com que a ODR avance em relação às demais ADRs. Todavia, as tecnologias empregadas devem ser manejadas de maneira responsável, de modo que sua influência atue como facilitador para a resolução da controvérsia sem propriamente induzir o comportamento das partes em direção a interesses específicos.

Observa-se também que a inovação, a adaptabilidade e a celeridade são as características mais marcantes da ODR. Diante disso, a hiper-regulação deve ser evitada de modo a não coibir justamente os diferenciais aos quais a ferramenta se propõe a oferecer ao cliente (ARBIX, 2017, p. 54). A partir do seu desenvolvimento e popularização, conclui-se que a ODR poderá se tornar central para que sejam atingidos objetivos nacionais e internacionais relativos ao acesso à justiça a partir da materialização das tecnologias de informação trabalhando a favor da humanidade.

Referências

ARBIX, Daniel do Amaral. *Resolução online de controvérsias*. São Paulo: Intelecto, 2017, 296 p.

KATSH, Ethan; RIFKIN, Jenet. *Online Dispute Resolution*: Resolving Conflicts in Cyberspace. 1. ed. New Jersey: John Wiley & Sons, 2001, 240 p.

FREITAS NASCIMENTO JUNIOR, Vanderlei. A EVOLUÇÃO DOS MÉTODOS ALTERNATIVOS DE RESOLUÇÃO DE CONFLITOS EM AMBIENTE VIRTUAL: ON LINE DISPUTE RESOLUTION. *Revista Eletrônica da Faculdade de Direito de Franca*, [S.l.], v. 12, n. 1, p. 265-282, jun. 2017. ISSN 1983-4225. Disponível em: <https://www.revista.direito-franca.br/index.php/refdf/article/view/439>. Acesso em: 19 de maio de 2019. doi: http://dx.doi.org/10.21207/1983.4225.439, 18 p.

AMORIM, Fernando Sérgio Tenório de. A resolução online de litígios (odr) de baixa intensidade: perspectivas para a ordem jurídica brasileira. *Pensar*: Revista de Ciências Jurídicas, v. 22, n. 2, p. 514-539, maio/ago. 2017. ISSN 2317-2150. Disponível em: <https://periodicos.unifor.br/rpen/article/viewFile/5397/pdf>. Acesso em: 19 de maio de 2019. doi: http://dx.doi.org/10.5020/2317-2150.2017.5397. pp. 514-539.

ONLINE DISPUTE RESOLUTION ADVISORY GROUP. *United Kingdom Civil Justice Council. Online Dispute Resolution for Low Value Civil Claims*. London: United Kingdom Civil Justice Council, 2015. Disponível em: <https://www.judiciary.uk/wp-content/uploads/2015/02/Online-Dispute-Resolution-Final-Web-Version1.pdf>. Acesso em: 20 de maio de 2019. 2019. 33 p.

LIMA, Gabriela Vasconcelos; FEITOSA, Gustavo Raposo Pereira. Online dispute resolution (ODR): a solução de conflitos e as novas tecnologias. *Revista do Direito*, Santa Cruz do Sul, v. 3, n. 50, p. 53-70, jan. 2017. ISSN 1982-9957. Disponível em: <https://online.unisc.br/seer/index.php/direito/article/view/8360>. Acesso em: 24 de maio de 2019. doi:https://doi.org/10.17058/rdunisc.v3i50.8360, pp. 53-70.

KATSH, Ethan. Online Dispute Resolution: Some Implications for the Emergence of Law in Cyberspace. *Lex Electronica*, [Montreal], v. 10, n. 3, p. 1-12, inverno 2006. ISSN 1480-1787. Disponível em: <https://www.lex-electronica.org/files/sites/103/10-3_katsh.pdf>. Acesso em: 24 de maio de 2019, 12 p.

HEUVEL, Esther van den. *Online dispute resolution as a solution to cross-border e-disputes*: an introduction to ODR. OECD. Disponível em: <http://www.oecd.org/internet/consumer/1878940.pdf>. Acesso em: 24 de maio. de 2019, 31 p.

RESOLUÇÃO ONLINE DE CONFLITOS: O CASO EUROPEU E UMA ANÁLISE DO CONTEXTO JURÍDICO BRASILEIRO. ITKOS. Disponível em: <http://www.itkos.com.br/wp-content/uploads/2017/11/ODR-Artigo-UNB.pdf>. Acesso em: 24 de maio. de 2019, 16 p.

SUMMERS, Clyde. Alternative dispute resolution in United States. *Revista Latinoamericana de Derecho Social*, n. 13, p. 25-35, jul-dez. 2011. ISSN 1870-4670. Disponível em: <http://www.redalyc.org/articulo.oa?id=429640268004>. Acesso em: 24 de maio de 2019, pp. 25-35.

CONSELHO NACIONAL DE JUSTIÇA. *Justiça em números*. Brasília, 2018. Disponível em: <http://www.cnj.jus.br/files/conteudo/arquivo/2018/09/8d9faee7812d35a-

58cee3d92d2df2f25.pdf>. Acesso em: 24 de maio de 2019, 214 p.

SEBRAE. *Inovação*: o que é uma empresa startup? Belo Horizonte, 2017. Disponível em: <https://www.sebraemg.com.br/atendimento/bibliotecadigital/documento/Texto/O-que-e-uma-empresa-startup>. Acesso em: 04 de jun. de 2019, 2 p.

KATSH, Ethan; RIFKIN, Janet; GAITENBY, Alan. *E-commerce, e-disputes and e-dispute resolution*: In the shadow of "eBay law". Ohio State Journal On Dispute Resolution, Ohio, v. 15, n. 3, p.705-734, set. 2000. Disponível em: <http://www.umass.edu/cyber/katsh.pdf>. Acesso em: 23 de mar. de 2019, pp. 705-734.

SUSSIKING, Richard. *The end of lawers?* Rethinking the nature of legal Services. Nova York. Oxford University Press, 2008, pp. 692-705.

FRANKS, Mary Anne. Justice Beyond Dispute [Ethan Katsh and Orna Rabinovich-Einy. Digital Justice: technology and the internet of disputes]. *Harvard Law Review*, [Cambridge, EUA], vol. 131, n. 5, p. 1374-1397, mar. 2018. ISSN   0017-811X. Disponível em: <https://harvardlawreview.org/wp-content/uploads/2018/03/1374-1397_Franks_Online.pdf>. Acesso em: 23 de jun. de 2019, pp. 1374-1397.

VELIKONJA, Urška. *Making Peace and Making Money: economic analysis of the market for mediators in private practice*. Albany Law Review, [Albany, EUA], v. 72, n. 1, p. 257-291, inverno, 2009. ISSN   0002-4678. Disponível em: <https://www.mediate.com/pdf/Velikonja_Mediation%20Article.pdf>. Acesso em: 23 de jun de 2019, pp. 257-291.

OLIVEIRA, Maria Rita Neto Sales. *Do mito da tecnologia ao paradigma tecnológico: a mediação tecnológica nas práticas didático-pedagógicas. Rev. Bras. Educ.*, Rio de Janeiro, n. 18, p. 101-107, Dec. 2001. ISSN 1809-449X. Disponível em:< http://www.scielo.br/scielo.php?script=sci_arttext&pid=S1413=24782001000300009-&lng=en&nrm-iso>. Acesso em: 23 de jun. de 2019. http://dx.doi.org/10.1590/S1413-24782001000300009, pp. 101-107.

IBGE. *Acesso à internet e à televisão e posse de telefone móvel celular para uso pessoal.* Rio de Janeiro, 2018. Disponível em: <https://biblioteca.ibge.gov.br/visualizacao/livros/liv101631_informativo.pdf>. Acesso em: 23 de mar. de 2019, 12 p.

FARIAS, C.C; ROSENVALD, N.; NETTO, F.P.B.;. Curso de Direito Civil. São Paulo: Atlas, 2015. 936 p. (responsabilidade civil, v. 3).

TURKLE, Sherry. *How computers change the way we think. The Chronicle Review*, [Washington, DC], v. 50, n. 21, p. B26, jan 2004. ISSN 0009-5982. Disponível em: <http://web.mit.edu/sturkle/www/pdfsforstwebpage/Turkle_how_computers_change_way_we_think.pdf>. Acesso em: 11 de jul. de 2019, 17 p.

LOCKTON, Dan. *Persuasive technology and digital design for behaviour change, SSRN Eletronic Journal*, [s/ v], [s/ n], ago 2012, ISSN 1556-5068. Disponível em: https://papers.ssrn.com/sol3/papers.cfm?abstract_id=2125957. Acesso em: 11 de jul. de 2019, 17p.

Capítulo 17

Ao avesso

Leila Lagonegro de Sousa

Minha experiência profissional está embasada na medicina e na prática psicanalítica, o que me faz tratar o tema em questão no campo individual.

Leila Lagonegro de Sousa

Médica psiquiatra e psicanalista. Faculdade de Ciências Médicas da Santa Casa de São Paulo – 1968. Psiquiatra pela ABP da AMB-1977. Professora de Psicopatologia da Faculdade de Serviço Social de Piracicaba (1976 e 1977) e da Unimep -1976 a 1981. Psiquiatra da Prefeitura Municipal de Foz do Iguaçu -1991. Psiquiatra do Centro de Referência para Tratamento de Dependentes de Álcool e Drogas de São Paulo (2001/2002). Psiquiatra do Hospital Dia em Saúde Mental de Ermelino Matarazzo e do Ambulatório Dr. Carlos Muniz (1999) em São Paulo. UNICAMP. Departamento de Psiquiatria – Prof. Durval Cecchinato, de 1978 a 1981. BIBLIOTECA FREUDIANA BRASILEIRA - Dr. Jorge Forbes, de 1985 a 2001. Módulos de Psicanálise - Dr. Jorge Forbes. INSTITUTO DA PSICANÁLISE LACANIANA, de 2009 a 2019 – Dr. Jorge Forbes. Foi integrante da equipe do Projeto Genoma da USP, Dra. Mayana Zatz e Dr. Jorge Forbes entre 2013 e 2016. É Psiquiatra e Psicoterapeuta com consultório particular em São Paulo.

Contatos
l.lagonegro.s@gmail.com
Facebook: L.Lagonegro
(11) 3051-6849

Conflitos dentro do próprio sujeito

Partindo de um exemplo comum na prática do meu cotidiano, aponto uma situação em que o paciente estudante se queixa da pressão sofrida quanto à tomada de posição em relação ao futuro: Trata-se de um caso mais ou menos assim:

Do mestre para o aluno

"Vamos... você ainda não decidiu a profissão que quer para si?"

São palavras do(a) jovem que frequenta uma boa escola ao queixar--se de ter sido questionado pelo mestre, no sentido da opção definidora do próprio futuro, como se aos 16 ou 17 anos já pudesse ter certeza da profissão que irá exercer.

"Eu gosto de animais, quero seguir veterinária."

"Vejo filmes de hospitais, médicos, então vou cursar medicina."

"Um dos campos promissores é a informática, é a isso que vou me dedicar."

Eis aí uma encruzilhada onde o jovem estudante se encontra ao procurar criar para si um caminho a ser trilhado.

Estabelece-se um conflito interno gerado por forças externas que o colocam sem saber como escolher um caminho ideal para si.

Nas sessões de análise em que o tema é abordado, procuro fazer que esse jovem detalhe melhor sua fantasia a respeito do dia a dia da possível atuação profissional. Não é raro que ele elabore a ideia a partir do glamour emanado de personagens criados em filmes ou seriados tão em voga ou a partir de sugestões e exemplos de pessoas próximas. Nada sabem a respeito das pedras que advirão no caminho que o levará a aquele fim... A realidade é diferente. Vai-se a ilusão, vem a realidade e consequentemente a mudança de direção.

A questão da decisão, como caso de vida ou morte, além de gerar conflito no jovem, dá-lhe a ideia de uma certeza sobre próprio futuro, como se houvesse uma linearidade definidora desse fim.

Sabemos que não. A formação se dá tijolinho por tijolinho e muitas vezes essas unidades têm naturezas diferentes, cada uma delas importante no conjunto criado, ao compor-se a história. Mudanças de rumo surgem de oportunidades, ou mesmo do resgate de outros desejos, até então tamponados.

Estamos sujeitos a contínuas mutações no cenário onde demandas múltiplas e sem limites são geradoras de conflitos intrapsíquicos.

Entre pessoas ou grupos

Em se tratando de divergências entre pessoas ou grupos quando existem tendências ou interesses incompatíveis, os conflitos interpessoais estão comumente relacionados à família ou ao trabalho.

Modos de pensar diferentes assim como hábitos incompatíveis geram discordâncias nos grupos, geralmente ocasionados por diferentes maneiras de pensar, inerentes à diversidade de origens e épocas. Nesses desencontros são comuns reações ora de agressividade, ora de angústia sentidas de formas diferentes de pessoa a pessoa.

A exemplo do que citei quando me referi à escolha profissional é inegável o número imenso de opções que o mundo atual oferece. Somos bombardeados pelos meios de comunicação o que torna difícil fazer escolhas em todas as áreas onde nos vemos diante das ofertas. Basta comprarmos um celular de última geração que logo em seguida surge no mercado um outro com qualidade superior à que conhecíamos: arrependimento, angústia!

É bom lembrar que a escolha implica em renúncia e o descarte nem sempre se faz com facilidade: Implica perda.

Perdemos e a sensação do perdido pode transformar-se num fantasma a nos perseguir.

"Se eu tivesse feito outra escolha como estaria hoje?"

Então o arrependimento pode ser um dos fatores que levam à depressão.

No campo da minha atuação profissional, isto é, Saúde sob o aspecto da Psiquiatria e da Psicanálise, é notório o dano causado ao organismo humano consequente a situações mal administradas e assim apresentam-se os inevitáveis sintomas clínicos. As manifestações vão desde ansiedade até patologias diversas com características ora agudas, ora crônicas quando se arrastam por meses ou anos.

Quadros agudos

Ansiedade

Na prática médica são frequentes os atendimentos a pacientes com queixas de dificuldade respiratória, tremores, pânico, acompanhados ou não de palpitações, dores no peito, sensação de asfixia, tonturas, medo de morrer e, nesses casos a procura pelo médico se dá em situação de emergência. O plantonista avalia, estabelece a hipótese diagnóstica e é por aí que o médico direciona o pedido dos exames esclarecedores do quadro clínico. Avaliados os resultados, o passo seguinte será a tomada de ações específicas para cada caso e quando descartada a hipótese de organicidade, o paciente é encaminhado ao Psiquiatra.

Quadros crônicos e doenças psicossomáticas

Em outros casos os sintomas vão surgindo lentamente e pouco evidenciam a questão causa/efeito, isto é, a associação do quadro clínico com o conflito. Assim, dores de cabeça, hipertensão arterial, doenças gastrointestinais como úlceras, gastroenterites, colites e em outras vezes afecções dermatológicas sob a forma de alergias, herpes, psoríase, perda de cabelo, etc. A baixa da imunidade pode ser o denominador comum ao surgimento desses males.

No entanto, em outros casos fica claro o comprometimento que se dá na esfera psíquica onde depressão, oscilações do humor, obsessões, compulsões e até quadros psicóticos denunciados como um alarme acionado e a "luzinha vermelha" acende.

Desavenças em família, dificuldades nos relacionamentos afetivos, questões do ambiente de trabalho são causadores de sintomas ora como elementos isolados, ora em associação entre si, já que uma esfera facilmente contamina a outra e posso dizer que dificilmente são excludentes.

Os quadros clínicos apresentados não raro são fatores que geram absenteísmo no trabalho, vilões de grande parte dos encaminhamentos ao benefício da previdência.

Atuação do psiquiatra

Meu modo de atuar conjuga a experiência em Psiquiatria e a minha formação em psicanalise. Então, já na primeira consulta atenho-me não só ao quadro clínico apresentado, já que foi suficientemente elucidado nos atendimentos médicos anteriores.

Assim, além de investigar os sintomas que o levaram ao atendimento, direciono a anamnese às questões de sua vida pessoal. É desse modo que vejo surgir o discurso relativo a vivências conflitivas nas diversas esferas de sua vida, quer no relacionamento pessoal, familiar, quer profissional como motivos do constrangimento. É comum que ele mesmo se surpreenda com as associações feitas emergindo *insights* e então ele se dá conta da própria responsabilidade pelo sofrimento apresentado.

A vitimização exacerbada pelo stress vivido pelo paciente chega até, em alguns casos, a fazê-lo sentir-se objeto de perseguição por parte de seus superiores hierárquicos. Do mesmo modo desentendimentos entre colegas de função ou desconforto gerado pelo ambiente físico do trabalho (insalubridade), são argumentos dos quais se vale no discurso da paranoia.

Embora a pessoa se diga invadida e desrespeitada, ao nos aprofundarmos na investigação, não raro observamos que tudo isso não passa de uma dificuldade gerada pela falta de tomada de posição daquele queixoso diante das pessoas que considera perseguidoras e em muitos casos foi ele mesmo que deixou a "porta aberta" facilitando a invasão, ao não criar limites que possam barrar o desrespeito a que se submeteu. É aí que temos a oportunidade de darmos mostras da nossa habilidade em fazer o diagnóstico diferencial entre uma paranoia e uma real perseguição.

Por analogia posso dizer que o mecanismo assim articulado se assemelha aquele das relações familiares.

Psiquiatria X psicanálise

Sabemos que os manuais diagnósticos têm se amplificado na psiquiatria contemporânea conforme o discurso dominante na civilização, pautados no desenvolvimento da ciência.

A Psiquiatria nos permite diagnosticar a patologia apresentada e a Psicofarmacologia tem evoluído bastante e é com ela que nos municiamos com a possibilidade de instituir terapêutica medicamentosa eficiente. Já as psicoterapias também se apresentam sob diferentes correntes que evoluem dinamicamente.

Se por um lado a indústria farmacêutica faz pesquisas aprimorando os fármacos que coloca à disposição dos especialistas, por outro lado sabemos que diferentes direcionamentos psicoterápicos também mostram sua evolução.

Face à minha formação em Psicanálise, tomo o caminho da Psicoterapia psicanalítica da escola de Lacan.

Ao avesso

Sabemos que a Medicina nos propicia diagnosticar e tratar os males referidos (consequências)permitindo atuar incisivamente. É a aplicação dos fármacos, o meio do qual dispomos para obtermos resultados, quase sempre rápidos. As psicoterapias, em particular a psicanálise, são mais lentas na produção dos resultados. Grosseiramente posso dizer que na primeira (Medicina) a atuação se faz de fora para dentro enquanto que as Psicoterapias agem de dentro para fora.

É assim: os fármacos atuam no organismo minimizando os sintomas e a vida se torna mais saudável. Dispomos de medicamentos que minimizam ansiedade, depressão, pensamentos repetitivos, insônia, além de antipsicóticos para os casos mais graves.

As psicoterapias, dependendo da abordagem utilizada, constituem um processo que promove uma modificação de dentro para fora, isto é, o paciente vai encontrando seus próprios meios de administrar a vida, numa espécie de imunização frente aos agentes causadores dos sintomas

Ambos os métodos, isolados ou associados trazem benefícios ao paciente.

As psicoterapias não generalizam o tratamento com protocolos. Aqui, o que se leva em conta são os mecanismos psíquicos geradores do sofrimento e as estratégias de abordagem têm caráter inerente, caso a caso. Nelas, incidimos no discurso do paciente de diferentes maneiras de acordo com a nossa formação. Para tanto o preparo do terapeuta psicanalista não se restringe ao uso dos conhecimentos teóricos. É necessário também que ele conte com sua análise pessoal assim como tenha casos clínicos supervisionados por mestres.

Por que me refiro a uma abordagem pelo avesso?

Aqui, não se trata de seguir uma cartilha para resolver impasses de qualquer natureza. O tratamento analítico permite ao paciente gerenciar as dificuldades à sua própria maneira, com seu modo singular de agir, responsabilizando-se pelas escolhas.

Posso considerar que o tratamento se dá de uma forma profilática, evitando-se assim o surgimento daqueles quadros clínicos descritos anteriormente.

Singularidade e responsabilidade pelas próprias escolhas

Jorge Forbes em seu livro "Inconsciente e Responsabilidade (Psicanálise do século XXI)" refere que "no discurso da psicanálise difundida nos meios de comunicação, responsabilidade e inconsciente não são termos que aparecem conjugados, chegando a ser considerados excludentes. Assim, a responsabilidade estaria associada à consciência plena e onde houvesse inconsciência não poderia haver responsabilidade e...diante de um ato que cometeu – voluntária ou involuntariamente – e sobre o qual estranha a própria participação, é comum a pessoa dizer "Só se foi meu inconsciente" o que justificaria suas atitudes. Na Psicanálise do século XXI não se pode atribuir ao pai ou à mãe a culpa dos próprios atos".

Então, com base "na segunda clínica de Lacan, fica aumentada a importância da reflexão sobre a responsabilidade e o analista empresta consequência ao dito".

No texto de Jorge Forbes para a revista *Valor econômico* (2006), o autor faz referência a Freud dizendo que "em vez de impor protocolos de conduta a seus enfermos, rendeu-se ao que a clínica lhe mostrava: não existe uma maneira correta de ser feliz, de fazer amor, de ter sucesso, de se alimentar, de pensar. Conclusão: viver para ele é se responsabilizar pelas escolhas"...

Desse modo, tendo em vista o conceito psicanalista, não se pode criar uma cartilha que indique o modo correto de se comportar, como se fôssemos padronizar o comportamento

Diz ainda: "A Psicanálise que para Freud era vertical, baseada na relação edípica, hoje, no mundo globalizado onde a comunicação se dá nas relações horizontais, nas redes sociais, os modelos de comportamento ficam obsoletos e cada um vai encontrar as próprias soluções respeitando sua singularidade".

Então, conjugando a Psiquiatria com a Psicanálise, sendo ambas as áreas relacionadas com o individual posso reiterar que, no caminho do saber comportar-se nas diversas situações conflitivas, há que respeitar-se a singularidade com responsabilidade. Assim, no campo do individual a solução do conflito não se dá no consenso entre partes conflitantes e sim no entendimento entre elas, de um modo maduro e singular.

Referências

FORBES, Jorge. *Inconsciente e responsabilidade: psicanálise do século XXI*, 2012.
_____. *Da palavra ao gesto do analista*, 2015.
KAUFMANN, P. *Dicionário enciclopédico de psicanálise*. Rio de Janeiro: Jorge Zahar, 1996.
LACAN, Jacques. *O seminário: o avesso da psicanálise*, 1969-1970.
NATRIELLI, Décio Gilberto Filho, NATRIELLI, Décio e GOES, Renata Dias. *Contribuições para a prática da psiquiatria, psicodinâmica e psicologia médica*, 2008.

Capítulo 18

Solução dos conflitos internos

Luis Fernando Cipresso de Sousa

Dos conflitos que um ser humano enfrenta, nada mais perto do que os conflitos internos, e nada mais complexo do que solucioná-los. É necessário um constante mergulho para dentro de si, uma jornada de autoconhecimento. A solução dos conflitos internos está além de nossos olhos, e escondida em nós mesmos.

Luis Fernando Cipresso de Sousa

Psicanalista Clínico, Terapeuta Oncológico, Palestrante, Pastor Sênior da Igreja de Cristo - Comunidade Betesda em Americana. Formado em Ciências Econômicas, MBA em Logística Empresarial. Sócio-fundador e voluntário do Projeto Caminho Legal, que leva a psicanálise para dentro das escolas estaduais e municipais para alunos de ensino fundamental. Estudioso do comportamento humano. Consultor e Mentor para executivos. Fundador da Impactosol consultoria. Trabalhou mais de 25 anos em empresas multinacionais de grande porte ocupando cargos de gerência, liderança, desenvolvimento de pessoas e planejamento estratégico.

Contatos
www.impactosol.com
fernando@impactosol.com
+55 (19) 9845-62007

Era uma vez... é assim que começavam as estórias que ouvíamos quando crianças. Acredito que todos lembram de si mesmos imaginando os cenários e os personagens dos contos, fábulas e lendas contadas pelos nossos pais, nossos avós ou nossos professores. A história infantil tinha o poder de nos transportar para um lugar mágico onde tudo era possível, inclusive as grandes reviravoltas que aconteciam na vida dos nossos personagens. Essas estórias mostram como conteúdos sérios, valores, frustrações e conflitos são enfrentados e resolvidos por personagens instigantes e mágicos. A respeito desses personagens míticos, que residem no inconsciente coletivo das pessoas, Jung desenvolveu o conceito de arquétipos, e esses arquétipos que estão presentes nessas estórias, mitos e lendas, estão em nosso imaginário desde nossa infância.

Inconscientemente utilizamos esses arquétipos para satisfazer nossos desejos e necessidades, também resolver nossos conflitos internos.

Conflitos internos

Os conflitos internos fazem parte de nossa vida e, para Freud, os conflitos internos fazem parte da construção do ser, têm suas raízes em nosso inconsciente e se dão por meio de um desarranjo, uma incompatibilidade de pensamentos e ideias em nossa mente; algo como que uma parte de nós entrando em choque com outra parte de nós, iniciando um processo de autossabotagem.

De modo geral, as pessoas experimentam e falam desses conflitos internos como um embate entre a emoção e a razão, e nessa experiência relatam que querem fazer algo mas acabam fazendo outro, daí entendem que essas forças opostas se sobrepõem as suas próprias vontades.

Somos movidos por uma série de desejos, muitos sonhos e grandes objetivos, óbvio que tudo isso é muito saudável, porém são esses os portais de entrada de nossos conflitos, uma vez que, em grande parte, tais conflitos nascem pelo desarranjo entre a forma como pensamos e o modo como agimos. É muito comum em nossos consultórios vermos pessoas sofrendo muito com conflitos internos durante grande parte de suas vidas.

Os conflitos podem surgir de algumas maneiras, como abaixo:

• Tiro no pé

Eu sonho com uma carreira, com um futuro, me empenho e me esforço para alcançar esse objetivo, porém no fim eu me saboto por realmente acreditar que não mereço a recompensa. Procuro uma desculpa para dar nome ao meu fracasso. É o nadar e morrer na praia. É o querer emagrecer, mas me empenhar até certo ponto em seguir uma dieta e desistir de uma atividade física apenas porque detesto fazer exercício físico.

• Esforço demasiado

Eu tenho um sonho, um desejo, então no momento em que eu faço um planejamento para conquistá-lo, percebo que pode exigir de mim muita energia, ou muito mais de meu empenho e capacidade. "Com grandes poderes, vêm grandes responsabilidades", disse o Tio Ben para o jovem Peter Parker (Homem-Aranha). Apenas a percepção de que para alcançar grandes resultados eu necessito empreender grandes esforços, pode me deixar completamente sem ação.

• Somatização

Eu gostaria de realizar algo ou expressar algo que sinto ou penso, mas eu me reprimo. Entretanto, ainda que de forma consciente eu deseje agir dessa forma, sofro, e minha alma sofrerá. Essa repressão, é na verdade uma grande barragem de sentimentos e emoções não expressas que, em algum momento, precisará de um escape em nosso próprio corpo, daí a palavra "soma" (corpo). A alma castiga o corpo para poder se curar.

• Bússola quebrada

Eu me envolvo com vários projetos e são apresentadas várias direções a seguir. Entre tantos caminhos, tenho que eleger o principal, a prioridade. A sensação é de estar munido de uma bússola quebrada, sem ter qualquer tipo de direção a seguir, então escolho a estagnação, a neutralidade. Sem saber o que eleger como prioridade, escolho a passividade.

• Autodepreciação

Talvez a forma mais dolorosa que o conflito pode aparecer é me autopunir de forma depreciativa, quando eu acho que não sou merecedor dos sonhos, planos e objetivos que idealizei. Quando meus pensamentos chegam a um nível de acidez e toxidade tão alto, eu realmente acredito que sou incapaz e tanto meu emocional quanto meu corpo começam a expressar com olhos baixos, semblante caído, postura inclinada, andares trôpegos, sensação de não merecimento e derrota.

A nossa incapacidade em lidar com nossos conflitos internos gera em nós um grande sentimento de culpa. E por não encontrarmos uma saída de como reagirmos a essa pressão, nos retroalimentamos com pensamentos negativos e tóxicos. Aumenta ainda mais essa sensação de impotência e passividade. Precisamos, então, saber como solucionar ou resolver nossos conflitos internos.

Antes de falarmos a respeito das boas práticas e formas positivas de lidar com esses conflitos, gostaria de fazer menção a algo muito negativo e, a meu ver, muito comum, eu falo da manipulação.

A manipulação

A manipulação em si nasce de um autoengano, que tem como base o sentimento de que precisamos ter coerência entre o que pensamos e como agimos. Fazemos de tudo para não suportar esse sentimento de incoerência interna. Essa negação do conflito desperta em nós uma defesa emocional.

Essa defesa vem por meio de uma transferência da culpa para o outro. Eu coloco a culpa de estar em conflito no outro para que possa me sentir aliviado e me livrar da culpa. Esse processo é ainda mais eficaz quando me coloco na posição de vítima, e a vitimização entra como um grande potencializador de alívio a minha culpa.

O autoconhecimento

Todo conflito interno deve ser solucionado, resolvido, pois pode ficar incubado no sujeito por anos, causando sofrimento. Sem dúvida alguma, a melhor prática, e o começo de tudo, sobre como vamos solucionar nossos conflitos internos está no autoconhecimento. Quando nos conhecemos, sabemos discernir o que é de fato uma verdade ou uma mentira em nossos conflitos. O autoconhecimento nos dá a oportunidade de entender como funcionamos em nossas emoções e sentimentos mais básicos e primários, nossos desejos, o que Freud vem chamar de ID. Por outro lado, identificamos nossos valores, nossas crenças, nossa moral e princípios, o que Freud chama de SUPEREGO. Então, no processo de autoconhecimento, que pode ser feito por meio de sessões de psicanálise, o sujeito pode falar de si, e por meio de sua fala, essencialmente, o inconsciente adquire notoriedade e espaço para ser ouvido, porque como disse Freud: "a voz do inconsciente é sutil, mas ela não descansa até ser ouvida". Dessa forma, temos a garantia de que pela fala do sujeito se trará à luz o conhecimento e a solução necessária para solucionar esses conflitos internos.

A psicanálise exerce um papel fundamental no autoconhecimento, no fortalecimento e direcionamento do Ego. Analista e o analisando (sujeito) se unem no processo do pensar, no processo de individualização o que para Jung é extremamente significativo, pois, para ele, o ser humano só poderá individualizar-se na medida em que o Ego for permitindo que as experiências recebidas se tornem parte da consciência. A psicanálise é indicada para todas as pessoas, afinal todos temos conflitos internos e um inconsciente pronto para falar e ser ouvido.

A jornada

Solucionar os conflitos internos é como iniciar uma jornada, que pode até ser longa e cheia de obstáculos, mas necessária e totalmente possível. Nessa jornada seremos capazes de refazer a imagem que temos de nós, do outro e de nosso mundo; podemos ressignificar nosso passado, entendermos porque agimos da forma como agimos e temos atitudes assertivas, de forma que tenhamos um bom nível de prazer e satisfação de nossos sonhos, projetos e desejos, sem ferir nossos valores, crenças e princípios. Para ficar mais claro e prático, aqui vão alguns exercícios que podemos fazer para melhor solucionar nossos conflitos internos.

Identificação do conflito

É importante saber qual conflito eu tenho. Como o conflito é uma dissociação entre o que faço e penso, tenho que procurar identificar claramente o que fiz de errado, pois se eu o fiz, devo saber como corrigi-lo. Agindo assim, tenho a tendência de trocar a sensação de impotência pela de poder, afinal eu, de certa forma, agora sei como solucionar. Esse exercício pode ter uma pegadinha, pois no intuito de encontrar o que fiz de errado, posso acabar me culpando ainda mais, me criticando ainda mais. Óbvio que só faz sentido eu tentar encontrar o motivo se for para usá-lo a meu favor, de forma positiva.

Elimine pensamentos negativos

É muito importante trabalhar inicialmente os pensamentos negativos que tenho sobre mim. Esse é o momento de eliminarmos pensamentos tóxicos como "eu não mereço", "eu não consigo", "eu não sou bom o suficiente". Essas mentiras que você conta para si com grande frequência têm o poder de se tornar verdade em sua vida.

Olhe para o que você é bom

Tenho que procurar em minha vida fatos de sucesso, situações nas quais me senti bem, que podem aumentar minha autoestima e confiança. É muito importante nesse exercício lembrar-me e me dar conta dos sentimentos que surgem nessas memórias que, com certeza, serão agradáveis, boas memórias. Essas memórias e sentimentos me impulsionarão e me capacitarão com coragem e confiança e me energizarão para novas conquistas.

Busque o equilíbrio entre seu prazer e seus valores

Com muita frequência os meus desejos exigem de mim algo que meus valores não me autorizam a fazê-los no momento e circunstâncias exigidas. Minha função como alguém que busca equilíbrio na vida é tentar ter o máximo de prazer possível sem que meus valores sejam maculados. Se não tenho desejos realizados, ou prazeres satisfeitos, me tornarei alguém triste e deprimido, ao passo que, se me entregar à missão de satisfazer a todos os meus desejos e prazeres nos momentos e circunstâncias exigidas, serei um bufão hedonista e, dessa forma, alguém infeliz num futuro próximo. Quanto mais me empenhar em equilibrar as partes, mais valor agregarei a essas partes. Serei mais feliz se der ouvido a ambas as partes e tentar agradá-las.

Michael Hall, em seu livro *The sourcebook of magic,* nos apresenta uma técnica muito interessante de programação neurolinguística de resolução de conflitos internos com base numa negociação que fazemos internamente, realizando um acordo de paz entre as partes conflitantes. A ideia é criar harmonia e equilíbrio entre as duas partes opostas.

• Identifique as partes: "qual a sua parte que cria esse comportamento?" e "Que parte cria essa emoção ou pensamento?" É importante ter claramente os papéis definidos desse conflito.
• Determine o desejo implícito: o que cada uma das partes deseja? E quais os metarresultados de cada um deseja? Aqui, devemos analisar os desejos implícitos, secundários na realização do desejo de cada lado. Um lado pode estar querendo realizações e outro lado querendo estabilidade.

• Envolva as partes: cheque se cada parte entende e valoriza o papel e a função da outra. Ajude cada uma a entender as interrupções, seus porquês e conflitos. Essa fase é importante para identificar o "lado bom" da outra parte, e por que as partes interrompem a forma de agir uma da outra.

• Determine a intenção positiva: se o segundo passo não identificar os valores positivos de cada uma das partes, então continue perguntando para cada uma "qual função positiva essa parte exerce?" Faça isso com cada parte até observar os valores de cada uma. É importante ter claramente definido o lado positivo de ambas e essa busca deve ser feita até que estejamos satisfeitos com nossas descobertas.

• Negocie um acordo: "você valoriza suas próprias funções o suficiente, então se a outra parte não o interromper mais, você fará o mesmo? Não interrompendo também?" Tem que ter a certeza de ver se ele ou ela (partes) tem um senso interno de "sim" ou "não". Continue até ter certeza de que as partes chegaram ao acordo. Nesse passo, é crucial que as partes cheguem a um acordo de não se interromperem mais, uma vez que conhecem os seus lados bons.

• Faça um contrato: pergunte a cada parte se ela vai cooperar por um tempo específico. Se as duas partes não estiverem satisfeitas por alguma razão, é sinal de que precisam voltar à mesa de negociação mais tarde. Se as duas partes não estiverem compromissadas em cooperar por um bom tempo, um longo tempo, pode ser que uma das partes queira negociar mais tarde. Renegocie.

• Faça um cheque efetivo: "alguma outra parte tem qualquer papel nesse processo?", "outra parte interrompe essa parte?" se sim, renegocie.

Essa ferramenta de autoconhecimento é muito importante porque visa valorizar cada uma das partes em suas diferenças, a fim de que as partes conflitantes possam enfim se harmonizar e ter um final feliz.

Referências

LACAN, Jacques. *O seminário: livro 8 a transferência.* Zahar.

HALL L., Michael; BELNAP Barbara P. *The sourcebook of magic.* Crow.

FREUD S. *O inconsciente.* Imago.

_____. *A interpretação dos sonhos.* Imago.

JUNG C.G. *Os arquétipos e o inconsciente coletivo.* Vozes.

Capítulo 19

As soluções por meio das Constelações Familiares e Organizacionais

Marcelo Paulo Chinaglia

Assim como as estrelas em conjunto geram uma constelação, onde cada sol, planetas precisam estar no seu lugar para que se tenha ordem e harmonia, nos sistemas familiares e organizacionais tudo e todos precisam estar no seu lugar e, por meio dessa técnica, é possível perceber onde cada um se encontra, e assim naturalmente se revelam os conflitos, quando algo ou alguém se encontra fora do seu lugar real de origem.

Marcelo Paulo Chinaglia

Formado em Administração de Empresas pela UNICEP (2004). Empresário e comerciante no ramo de confecção. Sócio da empresa Vida Sistêmica. Formação em Constelação Familiar pelo Instituto IMAHOM (2010), Instituto Nokomando, e Constelação Organizacional pelo Instituto Infasyon (www.infosyon.com) na Alemanha Atua como facilitador de constelação desde 2012.

Contatos
marcelochinaglia@yahoo.com.br
Facebook: Marcelo Chinaglia
(16) 99203-2152

Como se aplica a técnica de constelação

Esse trabalho pode ser feito de duas maneiras, com a ajuda de pessoas, onde é organizado um grupo, ou, usando aquilo que chamamos de ancoras, que pode ser representado por bonecos, papéis, objetos etc.

No primeiro modelo, organizamos um grupo de pessoas previamente treinadas, que participarão de uma dinâmica e estarão à disposição do facilitador (constelador), para a representação do sistema do cliente que traz uma questão, um problema. Essas pessoas se conectam com o campo[1] emocional de familiares, ou de fatores da empresa quando for uma consultoria organizacional. Então, é possível pelos relatos desses representantes saber o que se passa realmente nesse sistema e, por meio de movimentos direcionados, é possível fazer o cliente perceber, quais escolhas inconscientes o levaram a tal questão.

No segundo modelo, o facilitador pode fazer uma consultoria apenas com o cliente, não usando a ajuda de outras pessoas. Nesse caso, são usados objetos, como bonecos, papéis que vão fazer a representação do sistema a ser constelado, e conduzir o trabalho de uma maneira que o próprio cliente perceba cada campo de informação, dos familiares, ou da sua empresa, e assim é possível trazer consciência de como alguns movimentos não percebidos podem ocasionar grandes perdas.

Nos dois casos, o mais importante é possibilitar que o cliente encontre as respostas que estavam ocultas, que não podiam ser vistas a olho nu, assim trazendo o novo olhar, uma nova maneira de perceber as questões, trazendo por ele mesmo a soluções tão necessárias para uma transformação no seu sistema.

Onde aplicar a técnica de constelação?

As dinâmicas de constelações já estão sendo usadas no sistema judiciário com muita eficácia, trazendo bons resultados e acordos entre as partes, onde o litígio era inevitável. Já é possível, por meio desse

---

[1] Campo - nas constelações, todas as pessoas e as empresas têm um campo de informações que pode ser acessado por meio dessas dinâmicas.

trabalho, fazer com que as partes percebam seu lugar e encontrem um bom caminho, um bom lugar para todos.

Já existem treinamentos específicos para os magistrados, que possibilitam grandes benefícios para todo sistema judiciário, fazendo uso das dinâmicas de constelações, chamado de direitos sistêmicos, é possível trazer um novo olhar para a justiça, percebendo o seu lugar dentro dos sistemas: civil, trabalhista, criminal e tributário.

No ambiente organizacional, já é usada há alguns anos essa técnica, em que é possível saber sobre o campo informacional do *marketing*, da produção, do financeiro, dos colaboradores, dos clientes, dos concorrentes, dos sócios, do mercado, fazendo com que as tomadas de decisões da direção da empresa sejam muito mais coerentes e seguras em relação ao sistema organizacional.

Como terapia familiar, já é usada há mais tempo ainda, foi como tudo começou, com o alemão Bert Hellinger, que esteve durante muitos anos numa missão católica numa tribo africana, e lá desenvolveu as dinâmicas de constelações familiares.

Acreditamos que essa técnica tem muito ainda a oferecer em diversos setores da sociedade. Em conjunto com outras terapias, é possível chegar mais longe, com soluções sadias, eficazes, trazendo um bom recomeço para todos.

Percebemos que é uma grande ferramenta para a humanidade, podendo resolver desde questões simples familiares, até casos de guerra entre países, que duraram muitos anos, e até hoje repercutem nas pessoas, nas gerações seguintes com traumas e crises políticas[2].

Consideramos a família como um sistema, onde filhos, pais e avós e toda a ancestralidade forma essa rede, todas as informações estão contidas nesse sistema. Sendo assim, foi percebido pelas pesquisas de Bert Hellinger (criador das dinâmicas de constelações) que esse campo de informações interfere nos descendentes podendo causar grandes conflitos.

Todos os acontecimentos, fatos difíceis como perdas, exclusões, mortes, abortos que ocorrem na família, podem interferir de maneira inconsciente na vida dos filhos, netos, bisnetos, cônjuge, irmãos, trazendo grandes desarmonias na vida pessoal e profissional.

Pelas técnicas de constelação, percebemos esses movimentos inconscientes na vida dos clientes que, por muitas vezes, causam problemas de toda ordem, como doenças, separações, vícios, suicídios,

---

2 *Bert Hellinger: Constelação Familiar - A guerra entre Japão e China.* Disponível: <https://www.youtube.com/watch?v=oQRxPmb6Nng>.

depressão e muitas outras questões que, vistas sob essa dinâmica, podem trazer uma compreensão ao cliente, de onde tudo começou, fazendo assim que este possa trazer um novo significado a sua vida.

Por meio de uma pesquisa de mais de quinze anos, Bert Hellinger percebeu que alguns movimentos se repetiam em todas as famílias, e assim foi possível estabelecer um padrão que ocorria com todas as pessoas. Foi possível estabelecer três ordens principais; o princípio do pertencer, das trocas entre dar e receber e a hierarquia dentro do grupo.

Princípio do pertencer

Uma mulher está grávida de um menino, e o pai da criança está preso, por tráfico de drogas, essa mãe resolve ir embora pra outro estado, com a ideia de "proteger" seu filho amado das más influências do pai que se encontra nessa situação difícil. Ela se casa com outro homem, e tem uma vida tranquila, longe de qualquer influência do passado, mas, com o passar dos anos, esse menino chega à adolescência, e começa a procurar caminhos que o levam ao uso de drogas. Como pode uma criança que foi criada no lar totalmente tranquilo e amoroso procurar esse caminho?

Com as dinâmicas da constelação, foi visto que, de maneira inconsciente esse menino se liga ao pai, por um movimento interno, mesmo eles não se conhecendo, ocorre um movimento da alma desse garoto, que quer pertencer ao sistema do pai, a fila dos homens, e quando esse menino reproduz algo parecido com o que o pai fez no passado, ele se sente aliviado por fazer parte, por honrar a memória desse pai, que ele nem conhece.

O princípio das trocas, entre dar e receber

Um homem e uma mulher se casam e, a princípio, tudo é belo, porém com o tempo começam as brigas o desinteresse e até a traição, chegando ao fim com a separação. O homem reclama que fez de tudo por ela, e mesmo assim não foi visto. Ela diz que não foi cuidada, não teve atenção e carinho.

Nesse caso podemos perceber a desordem entre o dar e o receber, a esposa ainda está conectada à criança interior, nesse sistema a mulher (criança) recebe muito e dá pouco de volta para o marido, pois com a consciência infantil, ela age como todo filho, que está na posição de receber. Isso seria natural se fosse uma relação de pai e filha. O marido se coloca em uma posição de Pai, ocupando um lugar que também não condiz com uma relação de casal.

Sendo assim o homem que nesse caso faz o papel de pai, dá muito por meio de atenção, carinho, presentes cuidados, mas algo lhe falta, pois não recebe nada em troca, já que do outro lado temos uma mulher que está conectada à criança, e por isso não consegue reproduzir uma troca justa, assim o marido sente falta de uma mulher que o complete, a esposa sente falta do pai que lhe dê atenção.

Em uma dinâmica de constelação, podemos observar que o marido se encontra numa posição de pai, pois desde criança se arroga, querendo resolver as coisas da mãe e do pai, não se permitindo ser o parceiro da mulher. A esposa está conectada ao pai e não quis crescer, sendo assim reproduziu toda sua relação de filha com seu marido, o colocando como um representante do pai.

Percebendo esses movimentos internos, é possível identificar os fatores que levam a tal dissonância do casal, e nessa configuração seria impossível uma continuidade no relacionamento, pois ambos sentem falta de algo que não podem dar nem receber. Então, quando é feito um movimento, em que essa mulher encontra um lugar para a filha, entendendo que precisa ficar disponível como mulher, e esse homem resolve seu modelo de criança que quer resolver tudo, compreendendo que com seus pais ele é pequeno, e não vai resolver nada, e agora precisa se colocar como homem que fica disponível para uma mulher, e possível que esse casal tenha uma chance.

O princípio da hierarquia no sistema

Na família, quem vem antes tem mais força, os pais sempre serão maiores que os filhos fazendo com que estes reconheçam a superioridade paterna e materna, ou então, não recebendo a vida, a força para o trabalho, caso não acolham essa ordem.

Um homem que veio de uma família simples conseguiu com muito esforço se formar advogado, tinha grandes planos para seu futuro. Porém, com o passar do tempo, não viu sua carreira prosperar, não conquistando muitos clientes.

Foi visto numa constelação que esse homem não reconhecia seus pais como grandes, ele sentia que era melhor e mais forte, mais inteligente, pois tinha se graduado, enquanto seus pais não tinham nem ao menos o ensino médio. Porém, quando não se reconhece os pais, não se pode tomar a vida, a força para o trabalho, pois a vida vem pelos dos seus antecessores, no caso pai em mãe. Na dinâmica sistêmica é feito um movimento que pode resultar numa boa solução caso o cliente, realmente compreenda que precisa reverenciar estes que lhe deram a vida.

Caso trabalhado por nossa equipe

O proprietário de uma loja de veículos procura nossa consultoria, relatando a queda brusca nas vendas, o estacionamento é antigo, tem boa localização e sempre foi forte no mercado. Então, qual seria a causa dessa queda? Em uma dinâmica de grupo, colocamos pessoas como representantes desse sistema, que é constituído por proprietário, empresa, clientes, fundador e produto, que no caso são automóveis. Cada pessoa representa um destes citados, essas pessoas se colocam de pé e cada uma começa a assumir a postura emocional do que está representando, informações começam a emergir do sistema.

Vimos que a pessoa que estava no papel do proprietário tem uma atenção muito grande naquele que representa o fundador da empresa. Perguntamos quem era esse fundador, e o cliente responde que foi seu pai quem começou vendendo carros, e depois alavancou a empresa, porém depois de muitos anos de trabalho, passou a empresa para o filho. Este, segue um movimento interno de fidelização ao pai, em que percebemos numa frase de solução, "se você não quer mais a empresa, eu também não", com um sentimento de fidelidade ao movimento de saída do pai da empresa, o filho, não consegue, se fixar como o novo proprietário, boicotando todo o movimento da empresa de maneira inconsciente.

Por meio das dinâmicas de solução, conseguimos fazer com que esse cliente perceba esse movimento inconsciente e possa trazer uma nova força para esse sistema, a força de honrar a memória do pai e fundador, fazendo o negócio prosperar, crescer, criando uma nova visão de representatividade sobre o negócio.

Referências

HELLINGER, Bert. *Ordens do amor*. 1. ed. Editora Pensamento - Cultrix, 2007.
_____. *A simetria oculta do amor*. 5. ed. Editora Pensamento – Cultrix, 2005.
GROCHOWIAK, Klaus, CASTELLA, Joachim. *Constelações Organizacionais: consultoria organizacional: sistêmico-dinâmica*. 1. ed. Editora Cultrix, 2007.
STAM, Jan Jacob. *A alma do negócio*. 1. ed. Editora Atman, 2006.

Capítulo 20

Piaget explica!

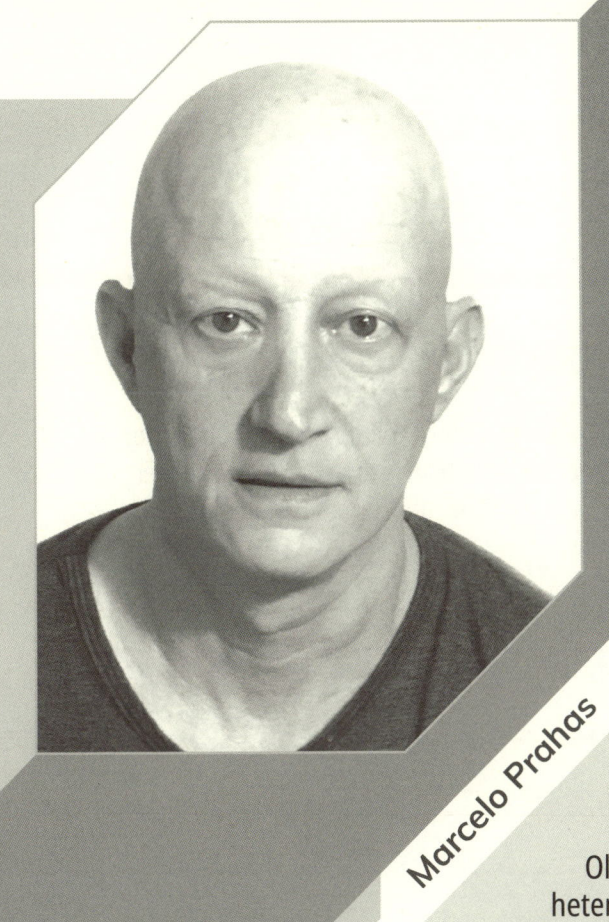

Marcelo Prahas

Olhar para autonomia e heteronomia morais, sob Piaget, pode contribuir para a compreensão do funcionamento de mecanismos democráticos ou autoritários na sociedade. Resolver controvérsias por nós mesmos, ou tê-las delegadas a terceiros, pode ser objeto de reflexão psicológica bastante fértil, sob a luz da formação do pensamento moral vislumbrado por Jean Piaget.

Marcelo Prahas

Psicólogo Marcelo Prahas. Ex-atleta olímpico. Responde por uma unidade do Osho Info Center/Meditação. Graduado em Psicologia no IP/USP. Atua em consultório com Psicologia Clínica e Psicologia do Esporte.

Contatos
www.psicologoprahas.com
prahasdevagmail.com
+55 (11) 99915-2290 - WhatsApp

Seria possível imaginar um mundo sem leis imperativas e, ainda assim, civilizado? Ou melhor, onde a heteronomia fosse menos preponderante, e houvesse maior espaço para autonomia?

O direito da civilização ocidental provém, em grande extensão, do direito de uma organização social imperial: o Império Romano.

Estado que legitimava, em seu corpo de leis, a carnificina humana em arenas como o Coliseu. Nosso direito foi herdado de uma sociedade não-democrática e imperial, o absolutismo da lei, sua heteronomia, fica quase naturalizada nesse nascimento, sendo hoje quase impossível questionar essa similitude entre Império e imperatividade da lei, pois por definição as leis se confundem com o próprio império: coercitividade e imperatividade são sua essência.

E mesmo que, sabidamente, as leis nasçam de contratos políticos, após sua criação, restringem a zero a autonomia dos indivíduos frente a elas.

E a pergunta que surge é: se o justo, o reto, o certo, o que não é torto, o que é direito (Direito), apenas pode existir sob o signo da heteronomia?

A lei apenas pode existir na externalidade aos indivíduos, com coercitividade e imperatividade?

A lei traz em sua universalidade democracia e em sua coercitividade autoritarismo. A heteronomia da lei reduz a zero a interação do indivíduo com a norma. A lei é fixa, não sendo uma entidade inteligente, sua natureza é inerte. A lei não permite o diálogo com o indivíduo. Uma mulher cega é o símbolo da justiça. Motivos de igualdade, de aplicação universal da lei justificam tal rigidez. Contudo, a autonomia é um estágio mais avançado da inteligência da espécie humana, e a lei não a contempla por definição.

A luz de Jean Piaget, fundador da psicologia do desenvolvimento da inteligência – que está para o pensamento assim como Freud está para o inconsciente –, a heteronomia na moral não é o máximo que o ser humano pode oferecer em termos de elaboração de juízos.

É apenas o estágio intermediário dos três possíveis, o da criança entre nove a dez anos, que ainda obedece aos pais, por falta de maturidade mental.

Piaget explica que há três estágios no desenvolvimento do pensamento moral na criança: anomia, heteronomia e autonomia.

O primeiro estágio é o de ausência de pensamento moral: anomia (ausência de normas). Nessa fase de desenvolvimento da criança, não há capacidade mental para a discriminação de conceitos sobre certo ou errado, e menos ainda para elaboração de conceitos ou juízos de valor. É uma fase de fisiologismo: "o chorar, para receber o leito materno". Apenas existe impulso para sobrevivência, com ausência total de pensamento moral.

A segunda dessas fases é a da criança obedecendo aos pais. É a fase da moral heterônima, quando as regras são trazidas prontas pelos pais e obedecidas de forma absoluta e ingênua. Não há ainda a capacidade cognitiva para elaborar juízos de valor. É a fase da moral importada, por isso moral heterônima - externa, dependente do outro – inexistindo a competência mental para elaboração por si mesmo de juízos de valor: "o certo é o que o papai e mamãe dizem".

O terceiro estágio é o estado normal a qualquer adulto plenamente desenvolvido em sua capacidade cognitiva. É a fase em que a moral é autônoma, o próprio indivíduo elabora juízos de valor por si só, pois suas estruturas mentais já adquiriram essa capacidade. É a fase em que o "a priori moral kantiano" – o Imperativo Categórico – já está presente nos cérebros humanos – e que faz do homo sapiens um ser moral, um ser ético. Faz do homo sapiens, sapiens!

Assim, podemos dizer que o Direito da civilização ocidental é alicerçado na heteronomia moral, substituindo os pais na relação com a sociedade que se encontra em um estágio infantil do desenvolvimento da cognição moral nessa relação: estágio da moral heterônima, característico da criança de 9-10 anos. Que é o seguir regras parentais, sob tutela, de forma absolutamente passiva, ingênua e imperativa. Zero é a autonomia dos indivíduos frente às leis: que se definem pelo caráter universalmente coercitivo e imperativo – heteronomia em essência.

Contudo, em tese, e do ponto de vista estritamente psicológico e sob a visão Piagetiana, não haveria a necessidade que as leis tirassem totalmente a autonomia dos indivíduos frente a elas. Poderia haver um espaço bem maior no mundo jurídico para a autonomia dos juízos, pois o ser humano adulto possui ao menos o mecanismo mental suficiente para fazer justiça - repetindo, pois do estrito ponto de vista cognitivo, há uma grande capacidade dos indivíduos para "fazerem justiça com as próprias mãos".

Mesmo que se diga que as leis existam exatamente para punir os que conscientemente executam delitos, por já terem a capacidade de discernimento, e não haver escusa para suas infrações, um estado imperial retira não só a autonomia do indivíduo, mas também a fé em sua genuinidade, pois de antemão o coloca no rol dos suspeitos. Quando o fato de haver discernimento cognitivo moral poderia ser um álibi em defesa da boa fé na autonomia do indivíduo, de suas razões, de sua razão.

Osho, que é considerado como uma das mil pessoas mais influentes do século XX – segundo o *British Sunday Times*, e uma das dez pessoas mais importantes história da Índia, dizia que tanto o sistema jurídico quanto as polícias do mundo atual, apenas existem devido ao grande déficit moral que nossa civilização apresenta. E que em um mundo um pouco mais consciente, as duas instituições desapareceriam.

Contudo, vale lembra que a previsibilidade e segurança social que as leis conferem, são fundamentais do ponto de vista psicológico quando se vive em um ambiente adverso e/ou agressivo, em que pese a coercitividade da lei e a retirada de autonomia aos indivíduos que a lei representa:

Experiências com cobaias mostram que ao receberem choques elétricos de forma previsível, regular ("regra", mesmo campo semântico de "lei"), as cobaias sofrem menos danos do que quando expostas a aplicação de choques de modo imprevisível e aleatório.

Ou seja, a ausência de leis em um ambiente adverso, pode ser bem pior do que a coercitividade delas.

E, ainda na esteira do pensamento de Jean Piaget e seus seguidores, em suas inferências, existe uma implicação social importante quando se está sob o caminho da moral heterônima ou da moral autônoma: sob a égide do pensamento moral autônomo estão a responsabilidade, a liberdade, a maturidade, independência e as democracias em suas diversas formas; enquanto que o autoritarismo, os estados policialescos e infantilizados, repressores e coercitivos, as ditaduras - ficam associados à moral heterônima.

Dessa forma, sob a ótica piagetiana, mais que desafogar a justiça e dar maior velocidade ao andamento dos processos, os mecanismos alternativos de solução de conflitos, por seu caráter autônomo, colocam a sociedade na direção da construção de democracia, tornando possíveis decisões autônomas e independentes entre os cidadãos, entre as partes, com menor interferência do estado, tornando mesmo supérflua em muitos casos a decisão heterônima, impositiva e externa às partes que o juiz teria de proferir.

Toda vez que uma decisão com força de lei ocorre de forma autônoma entre os cidadãos, afirma-se a presença de seres humanos maduros, plenos em seu desenvolvimento mental e moral, e respaldados pelo estado como indivíduos capazes, autônomos e independentes.

Com a ressalva de que, em um país tão assimétrico quanto o Brasil, a tutela estatal ainda é fundamental em muitos casos, pois entre partes desiguais a equidade de acordos queda prejudicada.

Mas, com certeza, sociedades que se movimentam na direção da implementação de mecanismos de solução de conflitos fora dos cânones da heteronomia, caminham na direção de uma sociedade democrática, autônoma e, sobretudo, inteligente.

Referências

KANT, E. *Crítica da Razão Prática*: Edição digital. Petrópolis/RJ: Vozes, 2017.

OSHO. *The Transmission of the Lamp*: 1. ed. Farmville/Virginia/USA: Longwood Academic, 2015.

PIAGET, J. *O Juízo Moral na Criança*: 4. ed. São Paulo: Summus, 1994.

Capítulo 21

Processo de Tikun

Marina Lorenza Kiener

Viver significa sempre passar por desafios, mas é uma escolha a forma como vamos nos relacionar com os conflitos. Podemos criar o caos ou a qualidade de vida. Aqui iremos abordar qual a nossa responsabilidade em relação a isso e como podemos modificar essa realidade.

Marina Lorenza Kiener

Advogada, formada desde 1997. Trabalho de conclusão de curso na área de família, com enfoque na guarda compartilhada. Especializada em Psicopedagogia. Pós-graduação em coordenação de grupos pelo Instituto Pichòn Rivier. Cursou o Método Curação e Holo. Também frequentou vários cursos de extensão na área de psicologia. Estudiosa da Kabbalah há vinte anos. Atua em consultório e de forma online com atendimentos individuais e em grupo. Ministra cursos e palestras.

Contatos
Facebook: @MarinaKiener.kabbalah
Instagram @marina.kiener
YouTube: marinakiener

Sou advogada, formada há mais de vinte anos. Durante a minha carreira trabalhei regularmente no contencioso. Confesso que minha frustração era constante, embora fosse muito dedicada, me sentia pouco efetiva na resolução dos conflitos. A inquietação só aumentava. Não sabia sequer explicar o que sentia, mas sabia que era um desconforto imenso. Foi justamente essa sensação que me levou a abrir mão de uma carreira promissora para procurar respostas. O processo de descobertas foi bastante exigente, mas foi e ainda é extremamente gratificante.

Hoje, minha vida profissional é focada em repassar tudo o que aprendi para facilitar o processo de aprendizagem de outras pessoas. Confesso que encontrei nessa seara algo realmente efetivo para solucionar os conflitos. Mas, mais do que isso, algo transformador.

Encontrei as respostas que procurava por meio dos estudos da psicopedagogia e da *Kabbalah*. E é nessa senda que vou transitar para explicar o que é o processo de *Tikun*.

Cabe ressaltar que a *Kabbalah* é algo profundo e com conteúdo vasto a ser estudado. Não tenho a pretensão de exaurir esse assunto, mas trazer uma visão prática que desperte o interesse para aqueles que desejarem se aprofundar.

Processo de Tikun

Existem situações em nossas vidas que, por mais que estejamos empenhados, não encontramos solução.

Geralmente são áreas em que achamos que é um agente externo o responsável por produzir os resultados. Sendo assim, não encontramos potência para alterar a realidade.

A *Kabbalah* menciona que o mundo materializado representa somente 1% da realidade. Logo, existe todo um processo anterior, ou seja, 99% ocorrem num nível em que nossos cinco sentidos não conseguem captar.

Todavia, somos 100% responsáveis pela cocriação de nossa vida. Dessa forma, existe a possibilidade de acessarmos a causa, que ainda está oculta (99%). Essa realidade não está perceptível a nossos olhos, pois ainda não está materializada. Mas existe e é a origem dos efeitos que colhemos no nosso cotidiano.

Como acessar e transformar o processo anterior à manifestação?

É importante compreender que tudo que é manifesto contém uma energia/luz, não importa se é uma fala, um relacionamento, algo material.

A *Kabbalah* ensina que existe um fluxograma que explica como essa luz faz todo o processo de descida até se materializar no nosso mundo físico. A árvore da vida representa esse fluxograma, conforme figura a seguir:

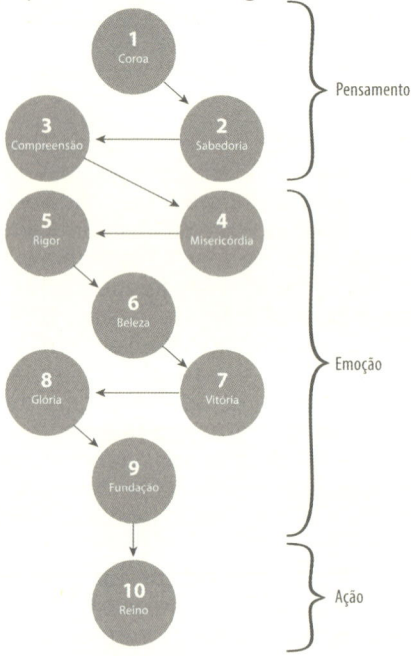

O processo de descida da energia ocorre por meio de três etapas: pensamentos, emoções e ações. Nossas emoções representam a grande área de correção (*Tikun*) para que nossas ações possam refletir a realidade desejada. Necessário reiterar que o mundo da ação (materialização - reino) representa somente 1% da realidade: é o efeito. A causa (99%) corresponde à área dos pensamentos e das emoções.

Sendo assim, todos vieram para fazer um processo de *Tikun*. Essas correções podem ser diferentes para cada indivíduo, contudo o que há de semelhante é a mudança da emoção egoísta para a altruísta. Essa transformação irá beneficiar o entorno, já que a consciência será modificada em desejo de compartilhar.

Diante de desafios tendemos a cometer o erro de tentar alterar uma situação externa sem olharmos para nossas emoções e sentimentos. E é essa falta de contato que nos impede de encontrarmos respostas e modificar a forma como nos relacionamos com os fatos.

Para facilitar o processo é importante enxergar as emoções desagradáveis e não projetar no externo, bem como não as julgar. Acolher aquilo que sentimos. Perceber que é uma oportunidade de autoconhecimento para transformar aquilo que percebemos.

Ao escolher não agir a partir daquela emoção e escolher o silêncio proativo, conseguimos iniciar o processo de correção. Precisamos ter claro que existe o incontrolável e o controlável. Nosso mundo interno faz parte da área do controlável. Lá consigo aumentar a minha potência e ser verdadeiramente resolutivo quando escolho a forma como vou me relacionar com uma determinada situação. Essa postura acaba por gerar no meu entorno correções, pois não tenho mais o tipo de interação egoísta que tinha antes.

No início do processo precisamos ter uma atenção plena e observar nossas emoções. Nem sempre conseguimos agir da melhor forma, mas se percebemos, já estamos evoluindo, porque antes sequer percebíamos uma emoção reativa. Agíamos de forma automática e ainda justificávamos nossa razão a partir de argumentos do nosso ego (como a vitimização, queixa, reclamação).

Ao identificar as emoções, é importante trabalhar os processos criativos. Perceber, de que outra forma, podemos agir naquela situação. Muitas vezes pode ser o próprio silêncio a melhor escolha.

Quando começamos a perceber que existem outras possibilidades de agir, passamos a experimentar essas novas ações. Isso sem focar no outro, mas sim, na nossa verdadeira intenção que é sair da zona de conforto. Muitas vezes o outro pode estar reativo e não devemos nos vincular a emoção do outro, senão voltaremos a ser reativos ao invés de proativos.

Dentro de uma determinada situação que estamos vivendo, qual a melhor escolha dentro das infinitas possibilidades que existem?

Necessário ratificar que o egoísmo se "disfarça" com diversas roupagens como o desejo de aprovação, vitimização, reclamação, queixa, dúvidas.

A dúvida é a melhor ferramenta do nosso ego (oponente interno) que aparece com aquela voz cheia de "conselhos" que no fundo nos levam a nos manter na zona de conforto e não fazer as mudanças internas necessárias para o *Tikun*.

Muitas vezes falhamos e voltamos a agir da mesma forma "conhecida", por isso é fundamental a persistência, a disciplina e o auxílio no decorrer do processo. Durante os cursos que ministro e os atendimentos individuais, utilizo ferramentas da *Kabbalah* para auxiliar o processo de *Tikun*.

É fundamental a intenção clara para sermos inspirados e termos o entendimento do caminho a percorrer.

Não importa se a realidade manifesta ainda é a mesma, o que importa é estarmos focados na causa. Pois será somente uma questão de tempo para a manifestação ser corrigida. Durante o processo a certeza e a confiança deverão ser constantes.

O sentimento de liberdade é um dos maiores benefícios de atingirmos uma correção, já que não somos mais escravos de nosso ego. O caminho para encontrar essa liberdade é exigente, porque temos ao nosso lado um caminho árido. Iremos construir uma realidade ainda desconhecida, por isso a confiança e a certeza do nosso propósito são fundamentais para alcançarmos essa nova realidade.

Quando fazemos o processo de *Tikun*, os conflitos são solucionados. Nota-se que os atritos surgem, porque existe uma guerra de egos, entre duas ou mais pessoas, que querem impor a sua "verdade". Nessas situações não existe uma verdadeira conexão com o outro. Existe, sim, separatividade e reatividade. O processo de *Tikun* trabalha a conexão com o outro e, por consequência, a resolução dos conflitos.

Como isso ocorre?

Com autorresponsabilidade, fazendo aquilo que pertence somente ao indivíduo fazer dentro de si. Corrigindo emoções egoístas. As situações que nossa vida apresenta são sempre oportunidades para fazermos o processo do *Tikun*. Ressignificar a forma como nos relacionamos emocionalmente com os fatos externos, nos leva a controlar o que é de nossa responsabilidade: os pensamentos, as emoções e as ações. De uma forma sintética, podemos definir o processo de *Tikun*, quando consciente, da seguinte forma:

1. Realidade não corrigida;
2. Desejo de corrigir;
3. Autorresponsabilidade;
4. Aceitação das emoções e ações egoístas;
5. Consciência do que precisa ser corrigido;
6. Início do processo criativo para ressignificar o incontrolável;
7. Restrição da emoção egoísta;
8. Desejo de sair do egoísmo para vivenciar uma postura que irá compartilhar e influenciar as pessoas de forma altruísta;
9. Manifestação da ação corrigida.

Existe a via da correção não consciente que ocorre por meio da resistência e permanência do sofrimento o máximo de tempo possível para não se transformar e perpetuar padrões destrutivos. Nessa situação, as pessoas acabam vivendo todas as formas de escassez, como falta de dinheiro, de paz de espírito, doenças etc. Nesse caso, o tempo para fazer as transformações acaba sendo muito mais longo do que o necessário.

A *Kabbalah* é uma ferramenta de grande valia para transformar a nossa realidade a partir do gerenciamento das nossas emoções e ações. Fica o convite para você se aprofundar.

Referências

ASHLAG, Rabino. *O estudo das dez emanações luminosas - Talmud Êsser HaSefirot* – Tratado 1. 1. ed. São Paulo: Editora Instituto Meron Dinâmica Cultural e eventos Eireli – EPP, 2018.

LAITMAN, PhD Rav Michael. *O Zohar.* Rio de Janeiro: Imago Editora, 2012.

LURIA, Rabino Isaac. *Portal das reencarnações – Shá ar Haguilgulim.* 2. ed. São Paulo: Editora Instituto Meron Dinâmica Cultural e eventos Eireli – EPP, 2016.

Capítulo 22

Negociação: a preparação para a mesa como caminho para o êxito

Paola Camargo Lima

Neste capítulo, os leitores encontrarão um breve resumo dos passos a serem tomados e dos tópicos a serem analisados antes de se sentarem à mesa de negociação. A preparação cuidadosa presta-se a ampliar suas possibilidades de sucesso.

Paola Camargo Lima

Advogada e mediadora de conflitos em São Paulo, sócia da SOLVE Resolução de Conflitos. É mediadora avançada certificada pelo Instituto de Certificação e Formação de Mediadores Lusófonos - ICFML, entidade ligada ao Internacional Mediation Institute - IMI. Além de mediadora ad hoc, integra a lista de mediadores de diversas câmaras. É membro da Comissão da Advocacia na Mediação e Conciliação e da Comissão de Meio Ambiente da Ordem dos Advogados do Brasil – Seção São Paulo - OAB/SP. Graduou-se em Direito na Universidade de São Paulo - USP e pós-graduou-se em Administração de Empresas na Fundação Getúlio Vargas - FGV/SP. Capacitou-se em Mediação e Conciliação no Instituto de Mediação e Arbitragem do Brasil - IMAB e ALGI-MEDIARAS. Estudou mediação e negociação na Harvard Law School e negociação no INSPER e Pepperdine University/Universidade Presbiteriana Mackenzie (Programa Exchanging Hemispheres).

Contatos
www.solveresolucaodeconflitos.com.br
paolaaclima@uol.com.br
(11) 98380-2623

O conflito é inerente à vida e, diariamente, desejemos ou não, lidamos com situações delicadas que podem ser resolvidas com maior ou menor dificuldade. Caso não encontremos solução, é possível chegarmos ao impasse.

Há diversos modos de conceituar o conflito. Muitos o consideram de forma positiva, como oportunidade, enquanto outros o enxergam com pessimismo[1]. Segundo Gabbay, Faleck e Tartuce[2], todo conflito envolve três dimensões: poder, regras e interesses.

Para estes, poder seria a capacidade de uma parte de impor sua vontade à outra. Além disso, relaciona-se com o conceito de alternativa[3]. À medida que uma das partes tem mais alternativas à questão em conflito ou ao objeto de uma negociação, o poder da outra diminui.[4]

Já regras referem-se ao Direito. A discussão sobre a quem pertence a razão gera, como consequência, a escalada do conflito. Quando isso acontece, não se trata de saber de quem é a culpa, mas de analisar responsabilidades para diminuir a tensão.

Por fim, interesses versam sobre desejos, necessidades e medos, e são externados por posições, as quais consistem na vontade da parte concretizada numa reivindicação ou exigência.[5]

Buscando-se resolver controvérsias, fala-se de soluções alternativas de conflitos, como se o acesso ao Poder Judiciário fosse o único legítimo meio, e todos os outros, secundários.

---

1   "Conflict has traditionally been viewed as something to be avoided and with a somewhat negative connotation." Jehn, A. J and Pondy, L. R., em Nair, Nisha, Towards understanding the role of emotions in conflict: a review and future directions. International Journal of Conflict Management, Vol. 19, No.4, Emerald Group Publishing Ltd, 2008, p. 359-381.

2   Gabbay, Daniela; Faleck, Diego, Tartuce, Fernanda. Meios alternativos de solução de conflitos. 1ª edição. FGV de Bolso, Ed. FGV, 2003. p. 22 e 23.

3   Possibilidade de satisfação dos interesses de uma das partes sem contar com a participação da outra: se A não conseguir comprar o apartamento de B, pode comprar a casa de C. Esta é a alternativa.

4   Gabbay, Daniela, Faleck Diego e Tartuce Fernanda. Op cit., p. 22 e 23.

5   Idem.

Na verdade, o diálogo é a primeira e principal maneira de solucionar desde a mais simples controvérsia até a mais aguerrida contenda.[6] É ele o meio eficiente por excelência para se alcançar soluções consensuais e satisfatórias. Daí o uso da expressão "meios adequados de solução de conflitos".

Assim, numa escala de meios de resolução de conflitos na qual, de um lado, situam-se o diálogo e a autonomia da vontade das partes e, do outro, a quase ausência de comunicação recíproca aliada à terceirização da decisão sobre a questão, a negociação estaria no primeiro polo e o processo judicial no último.

Um conceito simples de negociação é o que a descreve como "processo de comunicação utilizado para realizar transações e resolver conflitos."[7] Ou, ainda, o conceito de Fisher, Ury e Patton: "A negociação é um meio básico de conseguir as coisas que você deseja de outras pessoas. É uma comunicação de ida e volta, concebida para que se chegue a um acordo quando você e a outra parte têm tanto interesses em comum quanto divergências (sem falar nos casos em que os interesses são simplesmente diferentes)." [8]

A importância da negociação é tanta que, além de consistir no primeiro meio de solução de conflitos, encontra-se inserida em todos os outros, seja na mediação, conciliação ou arbitragem, até mesmo no processo judicial, no qual sua presença é mitigada.

A negociação pode existir em dois momentos da relação entre as pessoas naturais ou jurídicas:

Durante a realização de negócio, quando os indivíduos têm interesses e expectativas e propõem-se a dar determinada prestação em troca da contraprestação. Essa negociação tem vista para o futuro e, nesse momento, praticamente não há conflito.

Pode, todavia, originar-se de controvérsia, se o olhar dos envolvidos volta-se ao passado, ao que não deu certo.[9]

Num sentido ou no outro, há dois tipos de negociação e vários estilos de negociadores.

Existe a negociação competitiva ou distributiva (ganha-perde), na qual cada parte busca somente a satisfação de seus interesses. Se um

---

6   Fala de Tania Almeida, em palestra no Grupo de Estudos de Mediação Empresarial Privada do Comitê Brasileiro de Arbitragem - GEMEP/CBAr , 2017.

7   Wiggins, Charles B. e Lowry, L. Randolph. Negotiation and Settlement Advocacy: A Book of Readings. 2ªedição. Thomson/West, 2005. p. 3.

8   Fisher, Roger, Ury, William, Patton, Bruce. Como chegar ao sim. 3ª edição. Salomon Editores, 2014. p.21.

9   Wiggins, Charles B. e Lowry, L. Randolph. Op cit., p. 3.

dos lados abusar de seu poder e levar as maiores vantagens do acordo, pode comprometer a relação com o outro definitivamente. Há também o modelo de negociação colaborativa ou integrativa (ganha-ganha), no qual os negociadores buscam a satisfação dos interesses de todos.

Quanto ao estilo, os negociadores podem ser assertivos ou prezar preferencialmente as relações, em detrimento dos resultados. Alguns podem ser persuasivos, outros, mais criativos e, ainda, há pessoas para quem negociar é um tormento.

Mas, assim como o conflito é inerente à coexistência humana, a negociação é atividade constante e inevitável.

Assim, para torná-la mais eficiente, não basta apenas ser bom negociador à mesa. É preciso preparação, a qual representa o grande diferencial no êxito do procedimento.

Preparar consiste pesquisar, conhecer, analisar e traçar estratégias a fim de que a transação resulte em acordo satisfatório aos interessados.

Inicialmente, o negociador deve mapear as partes da negociação: seus aspectos econômicos, culturais, psicológicos e biográficos. Do mesmo modo, pesquisar a pessoa com a qual se sentará à mesa, caso esta não seja a própria parte, mas seu representante.

O segundo passo será identificar as posições e os interesses – potenciais ou efetivos - de todos, tanto os próprios, quanto os dos outros. Aprofundando, distinguir os interesses comuns a todos daqueles apenas diferentes e, ainda, conhecer os interesses conflitantes.

A partir daí, o negociador usará a criatividade para gerar opções[10] suficientes e adequadas e as quais possam ser aceitas pelos demais. Um bom método é o conhecido *brainstorming*[11], o qual pode ser ensaiado em conjunto com seus colegas de trabalho.

O negociador deverá, ainda, pesquisar as alternativas viáveis na hipótese de o acordo não ocorrer; conhecê-las e analisá-las, determinando a melhor. Da mesma forma, estimar as alternativas disponíveis às outras partes, para poder traçar sua estratégia de concessões durante o processo de barganha, pois as alternativas se prestam a parâmetros de comparação em relação às ofertas dispostas na mesa de negociação.

---

10   Opções são soluções que dependem da outra parte para serem concretizadas: A e B negociam a venda e compra de uma casa. A, comprador, deseja parcelar o valor em cinco vezes. O parcelamento é uma opção, pois depende da anuência de B.

11   *"Brainstorming"* é dinâmica de grupo utilizada na geração de ideias para soluções criativas. Duas regras são essenciais: não haver juízo de valor nem autoria sobre as ideias apresentadas. (Mnookin, Robert H., Peppet, Scott R., Tulumello Andrew S. Beyond Winning – Negotiating to Create Value in Deals and Disputes. Belknap Harvard, 2000. p. 37-39.)

Além disso, é fundamental determinar o valor mínimo que aceitará ou o máximo que pagará, bem como o valor de sua oferta inicial. Essa estruturação auxilia a descobrir a zona de possível acordo (ou zopa)[12] durante a negociação, partindo dos próprios limites e mirando as propostas e contrapropostas das outras partes.

Todos esses itens devem ser escritos e esquematizados formando um quadro palpável de análise do caso.

Diante deste, o negociador analisará riscos e oportunidades inerentes à transação. Tomará consciência de vulnerabilidades e pontos fortes de todos.

Poderá, assim, tratar suas fragilidades e melhorar suas alternativas para chegar à mesa com maior segurança e poder. Da mesma forma, pode buscar fraquezas nas alternativas dos demais envolvidos, o que lhe trará mais força para negociar.

Em sentido inverso, o negociador poderá perceber as oportunidades apresentadas diante da visão geral da situação e, com isso, criar opções atraentes para o fechamento do acordo.

De suma importância, ainda, consultar um advogado para conhecer os limites legais do objeto do negócio, bem como saber como os tribunais julgam casos semelhantes na hipótese de controvérsia. Nesse sentido ainda, é recomendável seguir as orientações do advogado e optar pelos métodos de resolução de conflitos adequados ao caso, já os indicando nas cláusulas do contrato entre as partes.

Também é crucial estabelecer critérios objetivos para negociar e, assim, encontrar soluções justas e satisfatórias aos interesses dos envolvidos. Critérios objetivos dão legitimidade às propostas e, consequentemente, ao acordo.

Além disso, conhecendo o perfil das pessoas com quem irá tratar, o negociador pode refletir sobre a estratégia que utilizará durante o procedimento. Informando-se sobre a personalidade dessas pessoas e partindo de modelos de comportamento, poderá determinar como agir à mesa. Decidirá se deve tomar a dianteira e fazer a primeira oferta, já ancorando sua proposta a determinado valor, ou se aguardará para fazer a contraproposta, observando os movimentos do outro lado. Ainda, avaliará se deve jogar duro ou ser flexível, se iniciará as conversações de uma maneira e mudará de atitude a depender da conduta da outra parte. Por isso, durante a preparação, é interessante fazer previsões sobre as possíveis ações dos outros e antever como poderá reagir em determinadas circunstâncias.

---

12   Mnookin, Robert H., Peppet, Scott R., Tulumello Andrew S. Op cit., p. 18-22.

Em vista do que foi apresentado, conclui-se que estudo, análise e reflexão prévios à negociação são de extrema relevância ao desenvolvimento de estratégia bem-sucedida. Atenção aos detalhes, observação dos atores, previsão dos possíveis movimentos das partes, conhecimento do ambiente, do mercado e das condições que permeiam os envolvidos, ensaio de cada passo a ser dado: tudo isso integra a preparação cuidadosa, a qual, além de útil, é fase indispensável e valiosa para o sucesso da negociação.

Referências

BRAINSTORMING. Significado. Disponível em: <https://www.significados.com.br/brainstorming/>. Acesso em: 26 de jun. de 2019.

FISHER, Roger; URY, William; e PATTON, Bruce. *Como chegar ao sim*. 3. ed. Salomon Editores, 2014. p.21.

GABBAY, Daniela; Faleck, Diego e Tartuce, Fernanda. *Meios alternativos de solução de conflitos*. 1. ed. FGV de Bolso, Ed. FGV, 2003. p.22-23.

MNOOKIN, Robert H., Peppet, R. Scott and Tulumello, Andrew S. *Beyond Winning: Negotiating to Create Value in Deals and Disputes*. Belknap Harvard, 2000. pp. 18-22; 37-39.

NAIR, Nisha. *Towards understanding the role of emotions in conflict: a review and future directions*. International Journal of Conflict Management, Vol. 19, No.4, p. 359-381, Emerald Group Publishing Ltd., 2008.

PEPPERDINE UNIVERSITY. Straus Institute for Dispute Resolution. *Using the Negotiation Planning Instrument*. Copyright 1993.

WIGGINS, Charles B. e LOWRY, L. Randolph. *Negotiation and Settlement Advocacy: A Book of Readings*. 2. ed. Thomson/West, 2005. p.3.

Capítulo 23

Conflitos ambientais

Rayssa Gama

O desequilíbrio entre a relação do homem com a natureza tem desencadeado inúmeros conflitos ambientais, em virtude da oposição dos interesses econômicos e ambientais. Para solucionar conflitos ambientais, são necessários instrumentos eficazes, que se empenhem não somente na remediação dos danos ambientais, mas também na preservação do equilíbrio do meio ambiente e na prevenção dos danos ambientais.

Rayssa Gama

Engenheira Ambiental graduada pelas Faculdades Oswaldo Cruz, Perita Ambiental e Palestrante. Em sua trajetória profissional atua como consultora ambiental especializada em gerenciamento de áreas contaminadas, engenharia ambiental e meio ambiente. Possui envolvimento com trabalhos de Avaliação Ambiental Preliminar, Investigação Ambiental Confirmatória, Investigação Ambiental Detalhada, Análise de Risco, Plano de Intervenção, Monitoramento para Encerramento e *Due Diligence* Ambiental. Por meio de palestras e cursos desenvolve a educação ambiental, construindo valores sociais voltados a conservação do meio ambiente e sua sustentabilidade. Atua também como mentora para profissionais recém-formados que desejam atuar na área de gerenciamento de áreas contaminadas. Auxilia demandas judiciais em matéria ambiental traduzindo aspectos técnicos aos magistrados.

Contatos
www.rayssagama.com
rayssa@rayssagama.com
@eng_rayssagama

O meio ambiente tem sido temática cada vez mais discutida mundialmente. Do aquecimento global aos acidentes ambientais, a preocupação global tem se voltado à preservação do meio ambiente. Mas afinal, o que é meio ambiente?

"Meio ambiente é o conjunto de condições, leis, influências e interações de ordem física, química e biológica, que permite, abriga e rege a vida em todas as suas formas", segundo a Política Nacional do Meio Ambiente no Artigo 3º, inciso I, da Lei 6.938/81.

Essa definição deixa evidente que a humanidade está inserida ao meio ambiente e que não é parte distinta do mesmo.

A concepção de que a humanidade e o meio ambiente são desconexos vem da ausência de clareza dos conceitos dos meios físico, biótico, antrópico ou sócio econômico. Que, de modo sucinto, o meio físico se refere ao solo, água e ar; meio biótico a fauna e flora; e meio antrópico as modificações exercidas pelo homem.

O relacionamento homem e meio ambiente (físico e biótico) é de dependência bilateral. Observamos isso desde o início da extração de recursos naturais, em que o homem visava suprir apenas suas necessidades básicas como alimentação, vestimenta e moradia, se nutria do ecossistema e, quando não havia mais provisão de recursos para seu sustento, se direcionava para outra porção do planeta.

Verificamos o início do desequilíbrio entre a relação homem e meio ambiente posteriormente à Idade Moderna, com um crescimento exponencial após a Revolução Industrial. Surgiram maquinários a vapor que impulsionaram o crescimento da indústria têxtil e de ferro, logo após observamos avanços na indústria química, elétrica, siderúrgica e petroquímica. Conforme ocorreram os avanços tecnológicos, a expectativa de vida da população humana aumentou e, consequentemente, os métodos de exploração da natureza se ampliaram.

No período pós-guerra, a rapidez do desenvolvimento de novas tecnologias fomentou o consumismo, desencadeando cada vez mais a exploração de recursos naturais renováveis e não renováveis.

O meio ambiente foi condenado a ser escravo do progresso e não líder do mesmo.

A natureza tem demonstrado não ter condições de repor o que a humanidade tem explorado do meio ambiente natural, em contrapartida a humanidade adotou uma posição autodestrutiva, pois continua a devastar seu único cenário de existência, sua única forma de vida.

Os conflitos ambientais ocorrem em sua maioria com a oposição de interesses econômicos e ambientais, devido à priorização, muitas vezes, da economia em razão dos possíveis impactos ao ecossistema. Por consequência, temos colecionado desastres ambientais ao longo dos últimos anos, dentre os mais conhecidos temos vazamentos de óleo em bacias como a de Guanabara (2000) e a de Campos (2011), além dos rompimentos de barragens como em Nova Lima (2001), Mariana (2015) e Brumadinho (2019).

A ação civil pública tem sido o principal instrumento no combate à degradação ambiental, e tem por objetivo a reparação do dano ambiental. Infelizmente, por diversos motivos como conflitos de competências, diversidade de processos e dificuldades processuais, a ação civil pública tem recaído na perpetuação da discussão no plano do processo judicial, o que tem desencadeado na morosidade do poder judiciário.

O meio ambiente não pode aguardar até o encerramento de uma ação civil pública, pois, devido à morosidade judicial, podemos perder o sentido do instrumento e o problema ambiental inicial pode chegar a danos irreversíveis.

Compreendemos que o poder judiciário não tem sido suficiente na solução de conflitos ambientais e a mediação tem sido utilizada para amparar essa condição.

A mediação é um meio que idealiza a manutenção e a reintegração do convívio entre as partes, ou seja, é recomendada em circunstâncias onde as partes necessitem manter relações futuras.

A mediação de conflitos ambientais é multipartes, composta muitas vezes por poluente, órgãos ambientais (municipais, estaduais e federais), sindicatos, organizações não governamentais, a sociedade civil, o ministério público, o poder executivo e entre outros.

Uma das características da mediação de conflitos ambientais é ser um instrumento que permite uma solução duradoura, pois é concebida por meio de uma solução entre as partes, o que melhora o cumprimento da decisão estruturada.

O propósito do processo integral não deve se limitar ao encerramento do mesmo, mas a conciliação social e a solução do conflito. Dessa forma evita-se o surgimento de problemas similares.

O resultado do processo judicial tem sido uma relação ganha-perde, onde uma das partes ou poucas ficam satisfeitas. Já a mediação resulta em uma relação ganha-ganha, em que todas as partes se sentem satisfeitas. A decisão é tomada coletivamente e então o órgão público lavra o Termo de Ajustamento de Conduta (TAC) e acordos com medidas preventivas, reparatórias ou compensatórias.

Assim como a ação civil pública, a mediação de conflitos ambientais também possui seu calcanhar de Aquiles, caso não haja o desejo genuíno das partes. Seja pelo motivo de que alguma das partes se empenhe em induzir o processo por conta do poder econômico excessivo ou qualquer outra causa, a mediação não será eficiente. A resolução se dá então com a suspensão da atividade de mediação e a intervenção o poder judiciário.

Segundo a Fundação Oswaldo Cruz (FIOCRUZ) no desastre de Mariana, os Ministérios Públicos Estaduais de Minas Gerais e Espírito Santo (MPE/MG e MPE/ES) e o Ministério Público Federal (MPF) moveram ações civis públicas e intermediaram termos de ajustamento de conduta.

No que se refere ao desdobramento do conflito por meio da mediação de conflitos ambientais, houve a assinatura de um Termo de Ajustamento de Conduta de Governança, entre Ministérios Públicos (MPF, MPE/MG e MPE/ES), governo do estado de Minas Gerais, Prefeitura Municipal de Mariana, as Defensorias Públicas Estaduais (MG e ES), DPU, Samarco, Vale S/A e BHP Billiton que estabeleceu a reestruturação da Fundação Renova, anulando a ação civil pública de 20 bilhões de reais contra as mineradoras e suspendendo por até dois anos outra ação civil pública de 155 bilhões de reais.

Outro viés na solução de conflitos ambientais e não menos importante é a Educação Ambiental.

"Se queres matar a fome de alguém dá-lhe um peixe. Mas se quiseres que ele nunca mais passe fome ensine-o a pescar." (Lao Tse).

Em meu trabalho com gerenciamento de áreas contaminadas, lido diariamente com essa espécie de doação de peixe. O processo inclui a Reabilitação de Áreas Contaminadas que visa controlar as fontes de contaminação, atingir o nível de risco aceitável aos receptores (humanos e ecológicos) e controlar os riscos com base nos padrões legais aplicáveis.

A Educação Ambiental trabalha com esse ensino da pesca, em referência ao que Lao Tse nos diz. Ela auxilia na instrução da população sobre os danos que temos causado ao meio ambiente, do mesmo modo que estimula a mudança de mentalidade no que concerne ao relacionamento homem e meio ambiente.

A essência da educação ambiental atua em prol da preservação do meio ambiente como um todo, a partir da conscientização de ações individuais, coletivas, privadas, públicas e políticas, antes que o custo dessa conveniente ignorância seja a nossa própria extinção além das demais espécies.

Devemos focar na preservação do equilíbrio do meio ambiente, na prevenção dos danos e não somente na remediação dos mesmos. Essa é a verdadeira solução de conflitos.

Assim como previsto na Constituição Brasileira no Art. 225, poderemos exercer nosso "direito ao meio ambiente ecologicamente equilibrado, bem de uso comum do povo e essencial à sadia qualidade de vida" (BRASIL, 1988 [s.p]).

Referências

BRASIL. [Constituição (1988)]. *Constituição da República Federativa do Brasil de 1988.* Brasília, DF: Presidência da República, [2016]. Disponível em: <http://www.planalto.gov.br/ccivil_03/constituicao/constituicao.htm>. Acesso em: 30 de jul. de 2019.

CETESB - Companhia Ambiental do Estado de São Paulo. *Dispõe sobre os Procedimentos para Proteção da Qualidade do Solo e das Águas Subterrâneas, Gerenciamento de Áreas Contaminadas e Diretrizes para o Gerenciamento de Áreas Contaminadas no Âmbito do Licenciamento Ambiental.* Decisão da Diretoria n. 038/2017/C de 07 de fevereiro de 2017. Diário Oficial do Estado de São Paulo (10/02/2017 - ed. n. 127(28), p. 47 a 52). Poder Executivo, Seção I. São Paulo, 2017.

FUNDAÇÃO OSWALDO CRUZ (FIOCRUZ). *Mapa de conflitos envolvendo injustiça ambiental e saúde no Brasil.* Disponível em: <http://mapadeconflitos.ensp.fiocruz.br>. Acesso em: 30 de jul. de 2019.

Capítulo 24

Mãe nem sempre será a solução de tudo

Rose Florio

Quantas vezes você já se viu enrolado em alguns conflitos pessoais ou profissionais? Seria demais poder sempre gritar Mãeeeeeee, *help me!* Só que nem sempre isso é possível. Em meio a tantos conflitos ou decisões, qual tratar primeiro e como transformar a angústia do problema em uma experiência positiva em busca da solução?

Rose Florio

Sócia-diretora da QAP Consultoria e da FIX ATELIER. Há 25 anos na liderança executiva de projetos de transformação, inovação. Especialista em Experiência do usuário (UX) e na jornada do cliente (CX) aplica ferramentas ágeis de gestão: BPM, PMI, TARGET, EPM, DESIGN THINKING, SCRUM, KANBAN, KAIZEN, 5W2H. Graduada em Administração de Empresas pela USJT, pós-graduada em Análise de Sistemas pela FAAP e em Gerenciamento de Projetos (PMI) pela IETEC, com MBA em Gestão Empresarial pela FIA. Certificação em ITIL® V3 e em Auditor Interno NBR ISO 9001:2015. Palestrante, mentora, instrutora e treinadora em temas: gestão, projetos, processos, liderança, comportamentos, gestão de conflitos e riscos. Com propósito de responsabilidade social, atua como mentora na FIESP, é consultora de Projetos Sociais no IGESC - FIA. Em coparticipação construiu o Programa *Master Mentoring* para Empreendedoras no Grupo Mulheres do Brasil. Envolvida em projetos de impacto sócio ambiental pela educação e no trabalho para 50+.

Contatos
https://qapconsultoria.com.br/
rose@qapconsultoria.com.br
Facebook: qapconsultoria
LinkedIn: Rose Meire Florio, MBA, ITIL® V.3
Instagram: roseflorio
(11) 3368-3981
(11) 98284-9993

Atitude individual, protagonismo e respeito são as chaves de sucesso para sua vida pessoal e profissional

Chegamos numa fase da vida pessoal e profissional que temos que aprender a nos virar sozinhos e a conduzir nossos desafios e tomar nossas decisões. Quem nunca teve que apartar brigas de egos, ou precisou trocar a liderança de projeto porque não houve empatia com equipes de trabalho? Na ânsia de ajudar, as pessoas se atropelam.

Atuando em grandes corporações na busca por alta *performance* na gestão de projetos estratégicos ou não, inevitavelmente tropeçamos em conflitos. Conflitos exigem escolhas que podem nos levar ao sucesso ou ao fracasso. Como protagonista da nossa vida temos que tomar a melhor decisão no momento.

A chave é encarar seus problemas com naturalidade, com equilíbrio emocional, respeito e com técnicas que auxiliem na solução de conflitos e isso pode ser mais fácil do que pensamos. Abaixo, compartilho um pouco das minhas experiências, aprendizados e melhores práticas.

Conheça minha proposta:
#PASSO1 – Sempre alinhe conceitos

Sempre alinhe conceitos antes de qualquer coisa. Alinhar conceitos em qualquer projeto, conversa, reunião ou trabalho, facilita entendimentos, alinha pensamentos e cria sinergia para que todos pensem a mesma coisa sobre aquela palavra ou tema. Isso evita aquelas discussões intermináveis onde depois de meia hora de "briga e discussão" você percebe que ambos estão falando a mesma coisa de formas diferentes. Lembre-se de que cada um tem um histórico de vida e viveu experiências em ambientes diferentes. Portanto, nem sempre o entendimento sobre o que é "pobreza" para um significa o mesmo para o outro. Garanta que todos estão falando a mesma língua.

Por falar em alinhar conceitos, vamos ao nosso alinhamento:

Conflito - *conflictus* (*etm – latin*): embate, oposição, momento crítico. Os conflitos surgem da discrepância de objetivos entre duas partes ou mais, o que gera incompatibilidade de pensamentos, comportamentos e ações que podem levar, ou não a violência seja ela psicológica, física, social, espiritual ou social.

Mediação: o mediador possui uma figura neutra e imparcial – apenas auxilia as partes a solucionar entre si o conflito, sem sugerir ou impor uma solução ou mesmo interferir nos termos do acordo.

Solução de conflito: a resolução de conflitos pode ser definida como o processo formal ou informal que duas ou mais partes usam para encontrar uma solução pacífica do litígio que as opõe.

#PASSO 2 – Colete informações, dados e fatos

Conheça e levante o histórico da situação com os envolvidos de forma clara, neutra., colete informações, dados, fatos e evidências com os atores dos 2 lados do problema. Entenda a abrangência, os envolvidos, o gatilho que acendeu o problema. Lembre-se de que contra fatos não há argumentos. Nesse momento, a empatia e a escuta ativa, em que colocar-se no lugar do outro e perceber o que não é dito é fundamental para uma análise adequada. O conhecimento do contexto, com certeza, irá facilitar sua atuação de "mediador" que tem como foco destravar o processo de comunicação entre as partes para restabelecer a comunicação.

Quando atuamos com gestão, aplicamos a abordagem mista que nos permite uma análise mais completa e fornece insumos para uma decisão mais assertiva. Conheça o que diz Chiavenato (2004, p. 418) sobre os três tipos de abordagem.

1. Abordagem estrutural: fácil controle. O conflito que se forma das percepções criadas pelas condições de diferenciação, recursos limitados e escassos e de interdependência.

2. Abordagem de processo: procura reduzir conflitos por meio da modificação de processos e pode ser conduzida de três formas, a desativação do conflito, onde uma das partes opta pela cooperação promovendo o acordo; reunião de confrontação entre as partes, em que são abertos os motivos do conflito de maneira mais direta entre os envolvidos; ou colaboração, que ocorre após passadas as etapas anteriores, com as duas partes buscando uma resolução vantajosa para todos.

3. Abordagem mista: ideal na gestão de projetos. Envolve tanto os aspectos estruturais como os de processo. Pode ser feita pela adoção de regras para resolução de conflitos, ou criação de papéis integradores.

PASSO 3 – Construa cenários com foco na solução

Com as coletas finalizadas e os cenários montados, faça suas análises, identifique *gaps* e riscos e construa propostas de cenários alternativos para tomada de decisão e solução do conflito. Importantíssimo, isolar a pessoa dos problemas, dos fatos e dos processos.

A proposta deve ter sempre como foco atingir objetivos viáveis, convergentes, ganha-ganha e que atenda a necessidade de ambas as partes e aqui cabe definir a estratégia.

Importante reconhecer que nossa reação ao conflito é que definirá como ele será tratado, dessa forma podemos decidir por:
• Competir (intenção afirmativa) - é a busca da satisfação própria, em que há necessidade de obtenção de suas metas em detrimento dos objetivos dos outros. [3]
• Colaborar (intenções afirmativa e cooperativa) - é a busca do resultado mútuo. Quando ambas as partes trabalham por um mesmo ideal, colaborando umas com as outras.

• Evitar (intenções não afirmativa e não cooperativa) - evitar o contato com a pessoa que lhe causará o conflito é a melhor solução.

• Acomodar-se (intenções não afirmativa e cooperativa) - para evitar o conflito uma das partes, é capaz de se sacrificar, mantendo os interesses da outra em primeiro lugar.

• Conceder (entre as duas dimensões) - nessa intenção não há vencedores ou vencidos. Ambos abrirão mão de algo, havendo assim um compartilhamento. A satisfação de ambas as partes, no geral, é parcial.

Esta prática irá mudar o *mindset* de que conflito é problema e que tenho que fugir dele, para um *mindset* de que gestão de solução de conflito não passa de mais uma atividade de tomada de decisão rotineira como qualquer outra e que a agilidade na solução o deixará mais leve e com uma qualidade de vida melhor. Inspirada na Matriz GUT de Charles H. Kepner, compartilho a Matriz que aplico:

P1	Na sua lista, tipifique o grau do conflito	Peso da gravidade	P2	Insira a complexidade para solução	Peso complexidade	P3	O resultado de gravidade x complexidade, resultará na prioridade rumo à solução		
	Conflito manifestado (aberto)	6		Alta	1		Conflito manifestado (aberto)	18	12	6
	Conflito Experienciado	4		Média	2		Conflito experienciado	12	8	4
	Conflito percebido	3		Baixa	3		Conflito percebido	9	6	3

A prioridade para a tomada de decisão rumo à solução será dada sempre do maior indicador para o menor quando aplicado em uma lista de conflitos a resolver. Lembre-se de que para cada decisão tomada é necessário avaliar o impacto que ela trará no decorrer do tempo caso não seja priorizada. Não pense você que apenas os casos de conflito aberto e alta complexidade têm maior probabilidade de entrar em litígio. Às vezes, apenas a falta de empatia já pode levar pequenos conflitos ao litígio. Por isso, a necessidade e a importância de se avaliar os cenários.

Legenda

Alta criticidade	Recomenda-se que sejam tratados, seja na forma de competir, colaborar ou conceder (decisão das partes).
Média criticidade	Recomenda-se que sejam tratados, seja na forma de competir ou colaborar ou conceder (decisão das partes).
Baixa criticidade	Podem ser tratados em qualquer das formas, sejam: competir, colaborar, evitar, acomodar ou conceder (decisão das partes).
Baixíssima criticidade	Podem ser tratados em qualquer das formas, sejam: competir, colaborar, evitar, acomodar ou conceder (decisão das partes).

PASSO 4 – A hora da verdade

Como um facilitador dessa conversa, coloque as partes juntas e nunca ignore pontos colocados na mesa com recorrência por qualquer uma das partes. Parar, se atentar, valorizar e anotar os argumentos levantados é fator-chave para que a parte se sinta entendida, acolhida e mais tranquila de que a conversa está sendo levada a uma análise mais justa. Apresente:

- O que encontrou como cenário em seus estudos
- Os fatos e evidências identificadas
- Possíveis propostas e alternativas como solução
- Aguarde posicionamento das partes
- Reforce seu ponto de vista e seja o suporte que as partes precisam para que um fechamento de acordo seja positivo e ganha-ganha.

PASSO 5 – Uhuuuu vitória

Comemorar vitórias é fundamental em qualquer momento da nossa vida. Na solução de conflitos, então é fantástico. Reforça que o objetivo foi alcançado e se foi ganha-ganha então somos heróis. Significa que todos os pontos de desconforto foram alinhados, riscos mitigados e que fizemos as partes criarem uma convergência apesar das divergências que poderia estar afetando inclusive suas famílias. Comunicar os resultados positivos pode ser um fator integrador, da equipe ou família. Lembre-se: sua mãe sempre comemora coisas boas e o parabeniza pelo sucesso.

PASSO 6 – Proteja a pessoa

Dentre todos os passos que apresentei, entendo este como o principal e que pode impactar todos eles. Proteger as pessoas, ter empatia e respeito vêm sempre em primeiro lugar. Lembre-se de que antes de qualquer profissional há sempre um ser humano em busca do seu propósito e com uma bagagem diferente da sua. Evite colocar qualquer um em situação constrangedora ou vulnerável. Afinal, poderia ser você nessa relação conflituosa e que se sobrepor a ele, em situação de poder ou de hierarquia com autoritarismo, apenas fortalece a desigualdade e os egos, enquanto a empatia gera proximidade, respeito e confiança.

Em resumo

Ao fazer um papel extremamente gratificante como "Psicóloga Corporativa", título que me dei após milhares de entrevistas confidenciais que fiz em momentos de Diagnóstico, notei a importância de saber isolar a pessoa, do problema ou processo trabalhado. Entendi como esse cuidado e isenção fortalece a relação de confiança entre as partes e, ao mesmo tempo, traz à tona centenas de oportunidades. Traduzir os "desabafos" para uma forma "estruturada", com foco na solução, sem dúvida, gera resultados de sucesso transformadores e humanizados. Assim, a metodologia de Gestão de Solução de Conflitos que construí, se resume a:

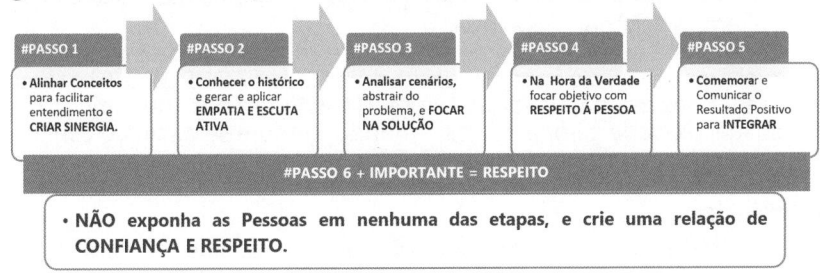

#PASSO 1	#PASSO 2	#PASSO 3	#PASSO 4	#PASSO 5
• Alinhar Conceitos para facilitar entendimento e CRIAR SINERGIA.	• Conhecer o histórico e gerar e aplicar EMPATIA E ESCUTA ATIVA	• Analisar cenários, abstrair do problema, e FOCAR NA SOLUÇÃO	• Na Hora da Verdade focar objetivo com RESPEITO Á PESSOA	• Comemorar e Comunicar o Resultado Positivo para INTEGRAR

#PASSO 6 + IMPORTANTE = RESPEITO

• **NÃO** exponha as Pessoas em nenhuma das etapas, e crie uma relação de **CONFIANÇA E RESPEITO.**

Buscando mudanças de atitudes, gostaria de mencionar aqui o último estratagema apresentado por Arthur Schopenhauer [1] como um ponto de reflexão para situações de conflitos, ele menciona:

> Quando percebemos que o adversário é superior e não conseguiremos ter razão, nós então nos tornamos pessoais, ofensivos e grosseiros. Tornar-se pessoal consiste em abandonar o objeto da disputa (porque se trata de um jogo perdido) e atacar de alguma maneira o adversário, sua pessoa. [..] essa regra é muito apreciada pois todo mundo é capaz de aplicá-la, sendo, portanto, utilizada com frequência. Nada supera para o homem a satis-

---

1   Livro *"A arte de ter razão: 38 estratagemas"* p.46 e 47.

> fação de sua vaidade e nenhuma ferida dói mais do que aquela que golpeia esta vaidade. [..] Daí a amargura do vencido sem que nenhuma injustiça tenha sido cometido contra ele e daí seu recurso a este último estratagema do qual não podemos nos esquivar com mera polidez, no entanto, uma grande dose de Sangue Frio pode ajudar aqui também se respondermos tranquilamente assim que o adversário partir para os ataques pessoais, que isso não pertence ao objeto em questão e retornarmos a esta e continuarmos a provar que ele está errado sem atender a seus insultos [..].

Eu acredito muito na gestão humanizada e porque não dizer na Gestão de conflitos humanizada, que é o papel da mediação, ou seja, se você consegue enxergar o outro e as suas necessidades, aplicando e aprimorando a sua percepção com empatia e respeito, você consegue chegar a um resultado extremamente positivo sem que nenhuma das partes precise se alterar ou chegar à violência.

Concluímos que a gestão de solução de conflitos, pode ser aplicada em qualquer situação e impactar positivamente as 17 ODS da ONU e fazer a diferença nos resultados sociais futuros. Mudando a nós, mudamos a comunidade, a cidade e impactamos o mundo. Lembre-se de que o conflito é único e cada ator nessa disputa também. Faça a diferença.

Referências

1. ROSENBERG, Marshall B. *Comunicação não violenta.* Editora Ágora, 2019.

2. TONIN, Mauricio Morais. *Arbitragem, mediação e outros métodos de solução de conflitos*. Editora Almedina, 2019. Capítulo 3 – p. 155.

3. BURBRIDGE, Anna e BURBRIDGE, Richard Marc. *Gestão de conflitos desafio do mundo corporativo.* Editora Saraiva, 2012.

4. MUSZKAT, E. *Guia prático de mediação de conflitos.* Summus Editorial. Malvina, 2007.

5. SCHOPENHAUER, Arthur. *A arte de ter razão: 38 estratagemas.* Ed. Vozes de Bolso, 2017.

6. BREGMA, Peter. *Imploda sua próxima explosão de raiva.* Harvard Business Review. Disponível em: <https://hbrbr.uol.com.br/imploda-sua-proxima--explosao-de-raiva/>. Acesso em: 23 de mai. de 2016.

7. ONU. *Conheça os novos 17 Objetivos de Desenvolvimento Sustentável da ONU.* Disponível em: <https://nacoesunidas.org/conheca-os-novos--17-objetivos-de-desenvolvimento-sustentavel-da-onu/>. Acesso em: 23 de mai. de 2016.

Capítulo 25

Conflitos: quem resolve mais, ganha mais!

Saul Christoff

Neste capítulo, abordo os aspectos e técnicas de resoluções de conflitos, demonstrando que, uma vez aprendidas e aplicadas, nos tornaremos mais eficientes e eficazes, seremos mais requisitados, mais bem pagos e reconhecidos por tais habilidades, nos diferenciaremos positivamente, seja em caráter pessoal ou profissional por todos os lugares onde passarmos. Pessoas que possuem habilidades de mediação e resolução de conflitos e problemas sempre estarão à frente!

Saul Christoff

Master Coach, Consultor, Palestrante, Mentor, Especialista em T&D Pessoas e Equipes, Pesquisador Comportamental. Ceo na Christoff & Pazzini. Criador do Programa de Treinamento *Teaching Training*, "Treinamento Para Ensinar" - Destinado para professores, treinadores, gestores, líderes e profissionais da área de Treinamento e Desenvolvimento profissional e humano. Formações na SBC - Sociedade Brasileira de Coaching: *Personal & Professional Coaching; Executive Coaching* (Líderes e Executivos de Alta *Performance*); *Positive Coaching; Career Coaching; Mentoring Coaching; Leader Coach;* Sucesso em Liderança (Por Brian Tracy); Psicologia Positiva Aplicada; *Master In Coaching*. Formação: *Profissão Coach* (Geronimo Theml). Estudou na ULBRA Canoas – RS/Licenciatura em Educação Física. Estudou na Universidade Estácio de Sá de Belo Horizonte – MG/Administração.

Contatos
saulchristoff@gmail.com
(51) 99181-9393

"Quer tornar este mundo um lugar melhor para viver,
resolva problemas e conflitos, não os crie."
Saul Christoff

Mediar ou criar soluções para resolver conflito, sejam pessoais e/ou profissionais, criar soluções inteligentes e eficazes para eliminar ou minimizar efeitos negativos de um ou vários problemas, é a habilidade mais importante que um ser humano pode possuir. Uma habilidade com a qual já se nasce, porém primitiva, mais conhecida como "instinto de sobrevivência", que nos protege e perpetua nossa existência. Instinto que nos diz mentalmente de forma involuntária "Preciso resolver isso agora, do contrário morrerei". Surge o comando mental de defender-nos ou atacarmos, de ficarmos ou corrermos, sentimento de medo ou coragem, agirmos ou paralisarmos, e ele (este instinto), vem com tudo! Pergunto: percebeu alguma semelhança no extinto de sobrevivência e em resolução de problemas? O quanto somos reativos face ao problema (perigo)? Quando entra em uma discussão, como você reage? Ao se deparar com uma decisão, como você emana às definições dos parâmetros levados em conta? Honestamente responda e reflita. Fique tranquilo, essa habilidade pode e deve ser desenvolvida, aperfeiçoada e lapidada a fim de ter mais êxito nas resoluções. Ressalto também a importância de sabermos a forma como aprendemos a lidar com diferentes emoções, nossas motivações e reações a dor (perder algo) e prazer (ganhar algo), necessidades e prioridades. Com o decorrer de nossa vida, aprendemos com erros ou então com os dos outros. Alguns aprendem mais rápido as lições da vida, outros menos. Se você quer aperfeiçoar-se nessa maravilhosa habilidade de resolver problemas, assuma a responsabilidade. Para se tornar um habilidoso "solucionador" de problemas, precisará adquirir novos conhecimentos, práticas, leituras e, o mais importante, a consciência de que é uma questão de entendimento, reflexão e atenção ao que falamos, ouvimos e fazemos, assim também ao que os outros dizem, ouvem e fazem.

Percebeu que na grande maioria, nós "seres humanos", somos reativos, que sempre tendemos a nos defender? Agora é o momento de compreender outro aspecto muito importante: quanto mais nos defendemos e sempre estamos dispostos a brigar, isso está ligado diretamente as nossas necessidades básicas. A famosa hierarquia de necessidades de Maslow. O psicólogo americano Abraham H. Maslow baseia-se na ideia de que cada ser humano se esforça muito para satisfazer suas necessidades pessoais e profissionais. Um esquema de divisão hierárquica em que as necessidades consideradas de nível mais baixo devem ser satisfeitas antes das necessidades de nível mais alto. Segundo essa teoria, cada indivíduo deve realizar uma "escalada" hierárquica de necessidades para atingir a plena autorrealização. Para tanto, Maslow definiu uma série de cinco necessidades do ser, dispostas na pirâmide abaixo e explicadas uma a uma a seguir:

As necessidades primárias (básicas) que são as fisiológicas e as de segurança e as necessidades secundárias, que são as sociais, estimam autorrealização.

1.Necessidades fisiológicas: que se relacionam com o ser humano como ser biológico. Necessidades de manter-se vivo, de respirar, de comer, de descansar, beber, dormir, ter relações sexuais etc. Vida pessoal: lazer, bem-estar, relacionar-se com o outro, alimentar-se bem. No trabalho: horários flexíveis, conforto físico, intervalos de trabalho entre outras.

2. Necessidades de segurança: vinculadas às necessidades de sentir-se seguros, sem perigo, em ordem, com segurança etc. No trabalho:

emprego estável, plano de saúde, seguro de vida. Vida pessoal: fidelidade nos relacionamentos, reciprocidade ao proteger, cuidar e ser cuidado. No trabalho: necessidade de estabilidade no emprego, boa remuneração, condições seguras de trabalho entre outras.

3.Necessidades sociais; necessidades de manter relações humanas com harmonia: sentir-se parte de um grupo, receber carinho e afeto dos familiares, amigos e pessoas do sexo oposto. Na vida pessoal: participar de eventos sociais, de grupos etc. No trabalho: necessidade de conquistar amizades, manter boas relações, ter superiores gentis.

4.Necessidades de estima: existem dois tipos, o reconhecimento das nossas capacidades por nós mesmos e o reconhecimento dos outros da nossa capacidade de adequação. A necessidade de sentir-se digno, respeitado por si e pelos outros. Na vida pessoal: ser elogiado, querido entre os familiares, respeitado pela comunidade. No trabalho: reconhecimento por todos, promoções ao longo da carreira, *feedback* etc.

5.Necessidades de autorrealização: incluem a realização, aproveitar todo o potencial próprio, fazer o que a pessoa gosta e é capaz de alcançar. Possuir autonomia, independência e o autocontrole. Na vida pessoal: relações amigáveis, cumprir metas pessoais, conquistar objetivos. No trabalho: desafios, necessidade de influenciar nas decisões. Aspectos a serem considerados sobre a hierarquia de necessidades de Maslow: como em toda teoria, há sempre aqueles que não concordam com ela em parte ou totalmente. Os críticos dessa teoria afirmam que nem todas as pessoas são iguais e, por isso, um aspecto que se mostra como uma necessidade para uma pessoa, pode não ser para outra. Há quem diga também, que Maslow contemplou as necessidades do indivíduo em uma ordem muito rígida, sem a possibilidade de inversão ou troca de necessidades. Mas nenhuma dessas críticas descaracteriza a teoria, ou torna menos atual do que as demais, apenas nasce de algumas confusões que são feitas com a definição de "necessidade", muitas vezes confundida com "desejo" ou "vontade". Outras necessidades adicionais: dentre estudos e análises, Maslow identificou duas necessidades adicionais à pirâmide de necessidades já criada. Essas novas descobertas, que davam conta das pessoas que já possuíam todas as necessidades satisfeitas (pouquíssimas pessoas), foram chamadas de cognitivas; necessidade de conhecer e entender, está relacionada aos desejos do indivíduo de conhecer e entender o mundo ao seu redor, as pessoas e a natureza; necessidade de satisfação estética, está relacionada às necessidades de beleza, simetria e arte em geral. Ligada à necessidade de estar sempre belo e em harmonia com os padrões de beleza existentes na sociedade. De forma muito resumida, relatei a teoria de Maslow para elucidar que, em geral, os conflitos são em suma oriundos da não satisfação destas necessidades básicas por parte de uma ou mais pessoas.

Cabe a nós definirmos qual necessidade que não foi atendida, que acabou por gerar o conflito. Sabendo da necessidade, das partes envolvidas agora é a parte mais desafiadora: como resolver o conflito a fim de atender a(s) necessidades da(s) parte(s) de forma ética, honrosa e imparcial e, de uma vez por todas, pôr fim a tal conflito e resolver nossos próprios conflitos com outras pessoas sem nos prejudicarmos. Não existe mágica, fórmulas secretas, ou bruxaria, a técnica que uso e tem surtido ótimos resultados: "Entender, refletir e agir conforme os princípios de ética honra e caráter." Entender + refletir + agir (com ética, honra e caráter) = resolver.

Parece fácil, contudo temos um ponto muito vulnerável que é o "entendimento", que pode ser de um sistema, processo, cultura e uma infinidade de outros aspectos que podem modificar o entendimento de uma pessoa. Nem todos têm a mesma compreensão que você, nem a mesma educação, o que também influenciará diretamente no entendimento de muitas coisas. E, por fim, as crenças que você possui possivelmente não são as mesmas da outra parte, devido às experiências de vidas serem diferentes para cada um, e mais uma infinidade de fatores internos e externos como a questão cultural, valores pessoais, e até mesmo o caráter.

Entende por que há tantos conflitos, tantas discussões e impasses, desacordos e guerras? E aqui nem falamos da velocidade dos avanços tecnológicos, que influenciam diretamente na compreensão de diversas questões humanas, que entender na íntegra o outro é um assunto tão complexo quanto a resolução de conflitos. Com mais entendimento sobre o assunto, com consciência da complexidade, podemos explanar de forma direta, sobre como melhorar o desempenho e ter novas habilidades em resolução de conflitos.

1º passo/entender o conflito: necessário entendermos na íntegra o motivo da discordância das partes envolvidas (real motivo). É necessário iniciarmos com um diálogo com base em perguntas e respostas, fazermos uma entrevista com a(s) pessoa(s) envolvida(s), primeiro em separado quando há mais de uma pessoa e você está na posição de mediador ou facilitador. Quando o conflito é com você, dê o primeiro passo e inicie a conversa. De qualquer forma, sempre inicie com perguntas direcionadas, de modo imparcial e objetivo, atento e respeitoso, sem qualquer julgamento, sempre com escuta ativa, a fim de saber com exatidão o que está em jogo verdadeiramente e não superficialmente. Chamo esse processo de "desvendando camadas", as perguntas são abertas a fim de estimular a reflexão ao fato, sem que haja desvios de foco e criação de justificativas infundadas. É comum o problema real estar camuflado por motivos alheios ao fato.

Quando entendemos as camadas do conflito, acabamos descobrindo que o conflito tem como base principal camadas como o dinheiro, posição hierárquica, ego, briga de poderes, ideias, crenças, favorecimento, suposições, crenças limitantes ou até mesmo ignorância (ato de ignorar algo ou alguma coisa, que inicialmente não estava claro no conflito). Isso dificulta na resolução e acordo das partes quando não exposto claramente e honestamente. Você pode fazer esse processo de modo informal, com seu cônjuge, com parceiro(as), amigos(as), parentes etc. Ao fazer de forma profissional, é necessário estruturar os diálogos e sistematizar as conversar em formulários, anotar as perguntas antes de iniciar a entrevista, anotar nomes, data/hora, colocar título. Escreva também as respostas, tenha tudo registrado, em forma de fichário, colha assinaturas dos participantes, para que, se necessário, tenha tudo documentado e organizado para rever o caso, e também para ter registrado, caso for auditado.

2º passo/reflita sobre: depois de ouvir a(s) parte(s) atentamente e entender o que causou o conflito, sem ruídos, dúvidas e pré-julgamentos, entrar em um estado de reflexão, entender os efeitos negativos do conflito, quando iniciou, o que está em jogo e também quem perderá mais. Não havendo acordo, prever o que poderá acontecer depois. Essas questões não são para você decidir ou julgar, e sim para iniciar a busca por soluções consistentes e éticas e ofertar às partes, caso não possuam ideias, a fim de findar o conflito, ou que as ideias apresentadas pelas partes sejam pretensiosas, que atendam apenas uma das partes envolvidas, que prejudiquem outras pessoas ou que ofendam algum código de ética ou lei. Não é exagero! Sabemos o que um ser humano pode fazer para resolver algo que o incomoda, não vou entrar nesse assunto, porém alerto a essa possibilidade. Após a reflexão das questões, anote tudo, as possibilidades de resolução, eventuais saídas. Se possível, converse com alguém que não esteja envolvido, isso ajudará a criar soluções, mas cuidado, não pergunte a ninguém que conheça as partes, ou tenha, de alguma forma, benefícios com a resolução ou a permanência do estado de conflito.

3º passo/agir: ciente e munido de informações, conhecedor do caso com mais profundidade e com as eventuais soluções em mãos, é o momento de reunir as pessoas e iniciar uma conversa, com foco naquilo que é realmente importante e com responsabilidade de ser imparcial, perguntar às partes, caso cheguem a um consenso, as suas ideias de resolução. Caso elas não as possuam, mostre as suas, mas não induza, apenas sugira que existe a possibilidade de resolver. Use palavras de conciliação, mostre a importância de que em qualquer conflito não haverá solução se as partes não considerarem o equilíbrio de ganhos e perdas, que irão perder se não entrarem em anuência.

Observo e constato que, atualmente, fatores de caráter comportamental estão gerando mais conflitos do que os de caráter das necessidades básicas: a falta de comunicação assertiva, positiva e honesta, de empatia e, por mais estranho que pareça, de entendimento sobre a importância de cultivar relações reais, sadias e verdadeiras, com respeito e honestidade, sem preconceitos e julgamentos, saber que nem sempre estamos certos, e que ter paz é mais importante do que ter razão.

Se você conseguir ajudar, fazer com que as pessoas entendam isso, certamente evitará muitos dos conflitos em todas as esferas da sua vida e da vida das pessoas com quem se relaciona. Espero que, depois desta leitura, consiga efetivamente destramar tudo o que envolve o tema abordado e, não menos importante, possa perceber que, quando um ego esbarra no outro, a resolução de conflitos não terá um resultado satisfatório.

Desejo que você seja sempre um mediador de conflitos! Nunca um criador deles.

Abraço e bons estudos!

Capítulo 26

Mediação privada e negócio jurídico processual

Silvia Maria Costa Brega

Ao apresentar o contexto normativo de prestígio à vontade das partes, a presente análise conjuga mediação privada e negócio jurídico processual para demonstrar que esses institutos representam duas das mais evidentes concretizações do respeito ao princípio do autorregramento da vontade no direito brasileiro.

Silvia Maria Costa Brega

Advogada sócia da Simonaggio Advogados. Mediadora certificada avançada pelo ICFML-IMI, com especialização em mediação empresarial, negociação estratégica e gestão de conflitos. Integra o Conselho Consultivo do CAM-CCBC, a coordenação do Grupo de Mediação Empresarial do Comitê Brasileiro de Arbitragem – GEMEP/CBAr, e a 3ª Turma Julgadora do Tribunal de Ética e Disciplina da OAB/SP.

Contato
silvia@simonaggio.adv.br

M uito se tem falado e ouvido falar sobre mediação no Brasil, desde a entrada em vigor da Lei de 13.140, em dezembro de 2015, e do Código de Processo Civil, em março de 2016. Há algum tempo, o legislador brasileiro tem tratado de buscar e implementar, por variados meios, alternativas à adjudicada solução estatal para dirimir conflitos.

Nesse cenário, as medidas voltadas a conferir efetividade às garantias constitucionais do acesso à Justiça e da razoável duração do processo têm ganhado importância e papel de destaque no contexto jurídico brasileiro.

A despeito dos esforços que se somaram, o fato concreto e auferível é que o Brasil conta com pouco mais de 80 milhões de processos judiciais em curso. Esse cenário é revelador não apenas da efetiva crise por que passa o Poder Judiciário, mas, sobretudo da ineficiência e da incapacidade do Estado para solucionar litígios e aplicar a lei ao caso concreto; vale dizer, conferir jurisdição.

Entretanto, não se pode dizer que o Estado tenha ficado inerte. Na tentativa de superar a evidente crise jurisdicional, tratou de implementar novas alternativas de acesso à Justiça e, por consequência, de ampliar e conferir efetividade à justa composição de litígios.

Não obstante, não se verifica que a prática dos operadores do Direito demonstre engajamento e adesão às soluções autocompositivas. No dia a dia, nem mesmo a audiência inicial de mediação tem sido designada pelos Juízes, a quem a lei processual impõe esse dever, nem requerida pelos advogados, que usualmente declinam dessa oportunidade legal.

Nesse cenário, a presente análise se debruçará sobre o instituto do Negócio Jurídico Processual - no sentido amplo dessa convenção negocial consagrada na lei processual (CPC, art. 190) - com o propósito de conjugar essa permissão legal com a mediação privada, com vistas a interpretá-la como um negócio jurídico autônomo e independente do Poder Judiciário, em que têm as partes livre iniciativa e autonomia para melhor regular os aspectos formais, procedimentais e sobretudo, o mérito do conflito estabelecido.

Para tanto, serão abordados os conceitos de autonomia da vontade e de negócio jurídico para evidenciar que o Código de Processo Civil autoriza fortemente as partes a estipularem mudanças no procedimento para ajustá-los às especificidades da lide que lhes toca.

A autonomia da vontade como valor na ordem jurídica brasileira

As recentes edições da Lei de Mediação e do Código de Processo Civil informam que o ordenamento jurídico brasileiro prestigia e legitima a escolha e o engajamento direto das partes no procedimento de soluções de conflitos, ao garantir um sistema que comporta a existência de mecanismos autocompositivos e heterocompositivos.

É curioso perceber, conquanto possa parecer contraditório, que as inovações trazidas pelos recentes diplomas legais permitem uma respeitosa convivência entre processo e liberdade.

Com efeito, a harmonização entre liberdade, autonomia e vontade (das partes) com o exercício de poder (pelo Estado-Juiz) encontra caminho no modelo cooperativo preconizado como regra principiológica na lei processual, na medida em que ela anuncia em seu artigo 6º que "todos os sujeitos do processo devem cooperar entre si para que se obtenha, em tempo razoável, decisão de mérito justa e efetiva".

Forte no princípio da efetividade do processo, tratou o legislador de fomentar o protagonismo das partes, com estímulo ao diálogo e à participação, permitindo que a decisão final possa decorrer e representar uma construção dos agentes envolvidos no conflito. Decisão essa que poderá até mesmo prescindir da interferência do Estado-Juiz, sem que tenha diminuída sua força e eficácia, pois que tais garantias decorrem da letra da lei.

Assim é que, prestigiado no âmbito de um processo judicial, vem o autorregramento da vontade inserido na estrutura de um modelo adversarial para estimular a autocomposição e permitir que o respeito à liberdade e à autonomia da vontade (das partes) possa conviver com os poderes inerentes ao órgão jurisdicional - do Estado-Juiz.

Na ordem normativa processual, é de notar que a vontade das partes é garantida, e até mesmo protegida, por um conjunto de normas e princípios estruturados para estimular a solução dos conflitos por autocomposição, sendo de destacar os que seguem: prestígio à mediação e à conciliação (CPC, arts. 165/175); permissão ao negócio jurídico processual atípico (CPC, art. 190); autocomposição como ato anterior à resposta da parte adversa (CPC, arts. 334 e 695); homologação judicial de acordo extrajudicial de qualquer natureza (CPC, art. 515, III; art. 725, VIII); e, por fim, a possibilidade e inclusão, no acordo judicial, de matéria estranha à pretensão inicialmente deduzida (CPC, art. 515, §2º).

E é nesse contexto de força e de prestígio à vontade das partes – ou à autonomia privada, como se prefira - que se integram os institutos da Mediação e do Negócio Jurídico Processual, de forma a reconhecer que a consensualidade não se contrapõe ao processo jurisdicional.

O negócio jurídico processual

Ao permitir a atuação ativa das partes, o negócio jurídico trouxe ao sistema de solução de conflitos a possibilidade de prevalência do direito material sobre o formalismo procedimental, de forma que a decisão seja uma decorrência direta do entendimento e consenso das partes. E, portanto, mais legítima.

Assim é que o artigo 190 do CPC estabelece uma cláusula geral de negociação processual que permite às partes, dentro ou fora da ambiência processual, antes ou no curso do processo, disporem sobre ônus, poderes, deveres e faculdades processuais.

Nessa concepção, percebe-se que a vontade é elemento relevante tanto para a existência como para a eficácia do autorregramento, sendo que, exceção feita aos casos que demandam prévia homologação judicial, o autorregramento é dotado de eficácia imediata, assegurada como regra geral aos negócios processuais. É o que se extrai ao conjugar a norma acima referida (CPC, art. 190) com aquela veiculada no artigo 200 da mesma lei processual (CPC.)

Percebe-se que, conquanto concebido como norma de direito processual, o negócio jurídico estimula e permite às partes, com segurança jurídica, que a solução de conflitos se opere pela via mais adequada e por elas eleita para o caso que vivenciam, que tanto poderá ser consensual como adversarial.

A nova ordem jurídica está, assim, estruturada para que a jurisdição estatal possa efetivamente deixar de ser a primeira, a única e a necessária opção para a solução dos conflitos de interesses.

Parece possível conceber, nesse sentido, que o negócio jurídico processual possa regular e prever o procedimento fora do processo judicial, e, sobretudo, longe do Poder Judiciário. E assim poderá ocorrer exatamente porque a Lei processual informa que sua regra não é de aplicação obrigatória e que, portanto, as partes podem combinar, da forma que melhor lhes aprouver, os efeitos pretendidos com relação às situações jurídicas processuais.

A mediação privada e o negócio jurídico processual

Além de prevista no Código de Processo Civil - que estabelece, expressamente, que a "mediação e a conciliação serão regidas conforme a livre autonomia dos interessados, inclusive no que diz respeito à definição das regras procedimentais" - a mediação é também regulada por lei específica, Lei 13.140/2015, que a conceitua como "a atividade técnica exercida por terceiro imparcial sem poder decisório, que, escolhido ou aceito pelas partes, as auxilia e estimula a identificar ou desenvolver soluções consensuais para a controvérsia".

A lei processual afirma a inafastabilidade da apreciação jurisdicional, mas conjuga esse princípio constitucional com o dever de estímulo à solução consensual de conflitos, que tenham por objeto direitos transacionáveis, mesmo que já tenha sido provocada a jurisdição estatal.

Diante disso, forçoso reconhecer que a mediação poderá ocorrer antes de ser provocada a jurisdição – de forma extrajudicial – mas, também, durante o processo judicial - de forma endoprocessual, o que representa dizer que a qualquer momento no curso da ação judicial, por meio de um negócio jurídico processual, as partes podem convencionar e regular todo o procedimento de mediação privada.

A audiência prevista no artigo 334 da lei processual pode ser uma ocasião por excelência para o estabelecimento dessa ampla combinação negocial, mas nada impede que as partes e seus respectivos advogados optem, a qualquer momento, por convencionar pela mediação privada.

Para ir além, tampouco nada obsta que na própria reunião de mediação, caso o consenso não seja alcançado, as partes celebrem um negócio jurídico processual para definirem as regras procedimentais da futura ação judicial.

Conjuga-se, assim, mediação privada e negócio jurídico processual (CPC, art. 190), para demonstrar que esses institutos representam duas das mais evidentes concretizações do respeito ao princípio do autorregramento da vontade no direito brasileiro.

Conclusão

Pelo exposto é possível notar que a autonomia da vontade das partes tem papel de relevo e destaque em nosso ordenamento, o que se denota tanto pela possibilidade de construção dos procedimentos, como pelo evidente incentivo às soluções autocompositivas dos conflitos.

Com as inovações provocadas pelo legislador, o Poder Judiciário deixou de ser a única e primeira alternativa, permitindo que o processo, a seu turno, passe a exercer sua precípua função de materializar o Direito.

A ampla utilização da mediação privada, concebida como há de ser com a segurança jurídica que a lei confere ao negócio jurídico processual, poderá efetivamente se tornar uma interessante e adequada alternativa para a resolução de litígios, certamente melhor, tanto econômica como juridicamente, à intervenção estatal, haja vista que é capaz de entregar aos agentes envolvidos a um só tempo efetividade, eficácia e rapidez.

Na medida em que, por meio de cláusula contratual ou compromisso negocial, as partes podem amplamente contratar o procedimento da mediação e, dessa forma, estipular critérios para escolha do mediador ou da câmara de mediação privada, bem como todos os critérios que atendam às necessidades próprias e específicas do conflito que vivenciam, é possível, com apoio e nos moldes do artigo 190 do CPC, conceber a mediação privada como um negócio jurídico processual seguro e eficaz.

Pode parecer paradoxal, mas é a lei processual que garante a natureza de negócio jurídico processual à mediação privada.

Como se nota, os negócios jurídicos processuais podem ampliar sensivelmente os contornos e a segurança jurídica da mediação privada, tendo em vista que facultam às partes ampla liberdade para definirem as regras procedimentais e demais direitos e deveres que lhes sejam concernentes, e, ainda, da mesma forma, caso a solução de consenso não tenha ali sido alcançada, para contratarem e estipularem as regras relacionadas à futura ação judicial.

O que se pretende enfaticamente destacar é que, ao inserir a mediação de conflitos no ordenamento pátrio, o legislador tratou de legitimar e capacitar os cidadãos brasileiros para decidirem e resolverem suas disputas sem necessidade da intervenção do Estado-Juiz, inclusive quando já deduzida a pretensão em Juízo.

Referências

BRASIL. *Código de Processo Civil (CPC)*. Lei 13105/2015.

CINTRA, Antônio Carlos de Araújo, GRINOVER, Ada Pellegrini, DINAMARCO, Cândido Rangel. *Teoria geral do processo*. 19. ed. São Paulo: Malheiros, 2003.

COOLEY, John W. *A advocacia na mediação*. Trad. René Loncan. Brasília:Editora Universidade de Brasília, 2001.

DIDIER JR, Fredie. *Princípio do respeito ao autorregramento da vontade no processo civil*, in Negócios Processuais, Coleção Grandes Temas do Novo CPC. Coord. Antonio do Passo Cabral e Pedro Henrique Nogueira. Salvador: Editora JusPodivm, 2015.

JÚNIOR, Humberto Theodoro. *Curso de Direito Processual Civil,* Vol. I, Editora Forense, 2014.

MARTINS COSTA, Judith. *A boa-fé no direito privado: sistema e tópica no processo obrigacional*. São Paulo: RT, 1999.

NETO, Antônio José de Mattos. *Direitos patrimoniais disponíveis e indisponíveis à luz da lei de arbitragem*. RePro, vol. 122, São Paulo: Revista dos Tribunais, 2005.

YARSHELL, Flávio Luiz. *Convenção das partes em matéria processual: rumo a uma nova era? Negócios Processuais,* CABRAL, Antonio do Passo e NOGUEIRA, Pedro Henrique (coords.), Salvador: JusPodivm, 2015.

SANTOS, Ricardo Soares Stersi dos. *Noções gerais da arbitragem.* Florianópolis: Fundação Boiteux, 2004.

Capítulo 27

Mediação: um meio de acesso substancial à justiça e de elevado alcance social

Tereza Mônica S. B. de Menezes Grossi

Este artigo apresenta a evolução dos meios auto-compositivos, a mediação no direito comparado, a importância da mediação como substancial acesso à Justiça e o papel do mediador como guardião do processo mediativo.

Tereza Mônica S. B. de Menezes Grossi

Formada em Letras pela Universidade do Ceará (1988) e Direito pela Universidade de Fortaleza-UNIFOR (2001). Especialista em Direito Constitucional, pela Escola Superior de Magistratura do Estado do Ceará (2009), monografia intitulada: Movimento Nacional pela Conciliação, numa Perspectiva Social Democrática - orientadora: Lilia Maia de Morais Sales. Especialista em Mediação de Conflitos pela Universidade de Fortaleza (2015). Monografia intitulada: Mediação, Vetor Prospectivo e Humanizador da Justiça - orientadora: Tânia Almeida. Instrutora em Mediação Judicial, pelo Conselho Nacional de Justiça, nos termos da resolução 125 do CNJ. Lecionou no Ensino Fundamental, no período de 1981-1994, no Colégio Santa Cecília, e em 1995, na escola de primeiro grau Ismael Por Deus. Atualmente é Técnica Judiciária do Tribunal de Justiça do Estado do Ceará, lotada no Juizado Especial Cível da 21ª Unidade.

Contato
tereza.menezes@bol.com.br

O presente artigo assinala a importância da mediação como processo eficaz na construção do consenso, seus avanços na Justiça brasileira, que vem ganhando sustentabilidade, credibilidade, mudança de paradigmas da cultura da sentença, para cultura do diálogo, ganhando impulso com a resolução 125 do Conselho Nacional de Justiça, e assumindo o *status* de meio mais eficiente, efetivo, eficaz, célere, dialógico e menos oneroso, enaltecendo a relação ganha-ganha, havendo um trato adequado da lide sociológica, real, onde há uma maior participação das partes no processo, satisfação e percepção de Justiça.

Este artigo apresenta-se estruturado da seguinte forma: tem-se a evolução dos meios autocompositivos, a mediação no direito comparado, a importância da mediação como substancial acesso à Justiça e o papel do mediador como guardião do processo mediativo, que dotado de ferramentas adequadas, eficazes, e em permanente aperfeiçoamento contínuo, promove o diálogo entre as partes, restabelecendo comunicações interrompidas e possibilitando a travessia de um processo destrutivo para um patamar construtivo.

Evolução dos meios autocompositivos

A legislação brasileira sempre aludiu aos mecanismos de incentivo aos meios autocompositivos, fomentando a pacificação social na sociedade brasileira, conforme se vê na Constituição Imperial de 1824, dois anos após a independência, que aduzia: art. 161, "sem se fazer constar que se tem intentado o meio de reconciliação, não se começará processo algum". Nessa mesma linha, o art. 162 reforçava esse princípio, quando afirmava que "para esse fim haverá juiz de paz", indicando que o Brasil já dispunha dos mais amplos dispositivos legais para tratamento de conflitos de interesses.

Um importante legado cultural provém das Ordenações Filipinas (ou Código Filipino – uma compilação jurídica que resultou da reforma do código manuelino, por Filipe II, Rei da Espanha), no Livro 3º, T. 20, § 1º, que, de forma normativa, aduzia que: "E no começo da demanda dirá o juiz a ambas as partes que antes que façam despesas, e se sigam entre elles os ódios e dissensões, se devem concordar, e não gastar suas fazendas por seguirem suas vontades, porque o vencimento da causa sempre duvidoso [...] (WATANABE, 2011, p. 6)".

Fomentando uma mudança de paradigmas: da cultura da sentença para a cultura do diálogo, a ministra Ellen Gracie, quando estava à frente do Conselho Nacional de Justiça no ano de 2006, encabeçou o Movimento Nacional pela Conciliação, sendo fortalecido ao longo dos anos pelos tribunais de todo o país, sociedade, universidades... Na sequência, o Conselho Nacional de Justiça implementou a Política Nacional de Mediação e Conciliação no Judiciário Brasileiro, por meio da Resolução nº. 125, de 29 de novembro de 2010, dispondo sobre a política judiciária nacional de tratamento adequado dos conflitos, considerando as determinações da Resolução 125 do CNJ, com assento em três vigas mestras: sustentação, inteligência e centralização de serviços, sinalizando uma nova leitura do art. 5º, inc. XXXV, de nossa Carta Magna, atinente ao acesso à Justiça, porém como acesso a uma ordem jurídica justa, efetiva, tempestiva e adequada.

Empós, foram criados em todo o país Núcleos Permanentes de Métodos Consensuais de Solução de Conflitos e Cidadania (NUPMEC), cujo desiderato maior seria efetivar os comandos apontados pelo Conselho Nacional de Justiça, desenvolvendo a política judiciária de tratamento adequado dos conflitos de interesses regionalmente, no âmbito de sua atuação, observando-se uma nova leitura do art. 5º, inciso XXXV da Constituição da República Federativa do Brasil, promovendo a instalação dos Centros Judiciários de Solução de Conflitos e Cidadania, primando pela capacitação contínua, treinamento e atualização dos magistrados, servidores, conciliadores e mediadores, nos mecanismos consensuais de solução de conflitos, concretizando o exercício da cidadania, bem como da dignidade da pessoa humana.

Posteriormente, por meio do novo Código de Processo Civil (Lei n. 13.105/2015, de 16 de março de 2015 – CPC/2015), foi dada ênfase aos meios autocompositivos: mediação, conciliação e arbitragem, adotando o sistema multiportas, onde o cidadão poderia escolher o método mais adequado entre os métodos autocompositivos ou heterocompositivos. Finalmente, convém destacar que o marco legal da mediação no Brasil está atualmente consubstanciado na Lei n. 13.140, de 26/6/2015, que emergiu como política pública essencial para a mudança do Sistema Jurídico Brasileiro, instaurando em toda a sociedade brasileira e operadores do Direito a importância do diálogo, da cooperação, da tolerância, em prol da pacificação social.

Mediação no direito comparado

Os Estados Unidos em muito têm contribuído para os estudos e a prática da mediação, pois vêm sistematizando essa prática desde 1970, irradiando de forma globalizada esse mecanismo adequado e eficiente de solução de controvérsias.

Cumpre registrar que no ano de 1976, em Carolina do Norte, nos Estados Unidos, o professor de Direito da Universidade de Harvard, Frank E. A. Sander, idealizou o Tribunal Múltiplas Portas, representando as questões apresentadas à Justiça, sendo encaminhadas à porta adequada, gerando uma maior satisfação das partes, economizando tempo, custo financeiro. E essa ideia foi tema de sua palestra na Pound Conference, diante da inquietação das práticas da Justiça nos EUA em homenagem a um antigo reitor da Faculdade de Direito da Universidade de Harvard, Roscoe Pound, que no ano de 1906 proferiu uma palestra sobre a insatisfação popular com a administração da justiça nos Estados Unidos.

Considerando essa experiência americana, convém observar que a princípio houve choque entre as metas relacionadas com redução de tempo, custo do litígio, desobstrução do Judiciário e uma maior responsabilidade e eficácia nas decisões, que acabava comprometendo a qualidade da prestação do serviço. Com a dinamicidade dos fatos e a evolução das experiências e pesquisas, a mediação ganhou espaço de aditivo jurisdicional, requerendo, portanto, uma maior informação das pessoas quanto ao uso desse mecanismo adequado e eficaz de solução de conflitos. Isso ensejou a necessidade de espaços apropriados para o seu exercício, uma maior familiaridade da sociedade e dos operadores do Direito sobre a temática e os benefícios ofertados, bem como a inclusão na grade curricular das universidades da disciplina pertinente aos mecanismos autocompositivos.

Conceituando a mediação

A mediação revela-se como uma ferramenta eficaz, de metodologia participativa, inclusiva, democrática, viabilizando um melhor entendimento entre as partes, que desenvolvem competências para serem protagonistas de suas histórias, por meio de um processo justo e satisfatório e que tem como benefícios: redução de tempo, dos custos financeiros e emocionais, prevenção de futuros conflitos, alinhamento da visão prospectiva, descoberta da importância da visão holística, do uso da comunicação não violenta, corresponsabilidade nas decisões co-construídas e, principalmente, o empoderamento das partes, sob a condução de um mediador imparcial e equidistante das mediandos.

Os princípios da mediação

Os princípios regentes da mediação são elencados no novo CPC (Lei nº 13.105, de 16/3/2015), art. 166: independência, imparcialidade, da autonomia da vontade, da confidencialidade, da oralidade, da informalidade e da decisão informada. Na Lei de Mediação (Lei nº 13.140, de 26/6/2015), tem-se em seu art. 2º os seguintes princípios: independência do mediador, imparcialidade do mediador, isonomia entre as partes, oralidade, informalidade, autonomia da vontade das partes, busca do consenso, confidencialidade, boa-fé, decisão informada, na resolução 125 do Conselho Nacional de Justiça (CNJ) – no Código de Ética de Conciliadores e Mediadores –, bem como no Código de Ética para mediadores do Conselho Nacional das Instituições de Mediação e Arbitragem (CONIMA).

Observa-se que muitos princípios da mediação vêm da negociação, que enfatiza a importância do conhecimento das técnicas da negociação, fundantes para a prática da mediação, pois diariamente negociamos conosco, em família, no trabalho, propiciando uma ambiência para formação de um novo paradigma voltado à pacificação social. São apresentados pelos pesquisadores da Universidade de Harvard (Harvard Negotiation Project) quatro princípios indispensáveis numa dinâmica negocial: separar as pessoas do problema; concentrar-se nos interesses e não nas posições; trabalhar junto para criar opções que satisfaçam as duas partes; e usar critérios objetivos, contribuindo para a eficácia e efetividade da mediação.

O guardião do processo dialógico

> Ser catalisador é ambição que convém melhor àqueles que verificam que o mundo está em constante mudança, e aos que, sem se acreditarem capazes para dominar a evolução, gostariam de influenciar sua direção. (Jean Six).

O mediador na abertura da sessão de mediação, ao criar um *rapport* positivo, por meio de uma comunicação empática, imparcial, gera confiança, colaboração, baixando a guarda dos mediandos, e em um ambiente adequado à construção do consenso, e com sua *expertise,* ao desenhar as questões a serem trabalhadas por meio de uma agenda, entende não ser recomendável iniciar pelo valor econômico, mas, sim, pelos componentes de um conflito: emoção, comunicação e percepção, pois mais importante que os fatos é a percepção que temos dos fatos. Iniciando por questões menos complexas, vai dando a sensação de progresso, pois o acordo final é multifacetado, envolvendo questões de comunicação, questões substantivas, emocionais, de valor econômico e a construção de consensos progressivos que inspiram nas partes a sensação de que estão avançando.

A responsabilidade pela construção do consenso sustentável na sessão de mediação é das partes, sob a condução do mediador, que deve primar pela ética, princípios jurídicos e legais, bons costumes, boa-fé, espontaneidade das decisões, respeito, conduzindo o processo colaborativo de forma harmônica, sendo diligente, cordial, probo, competente... As qualidades técnica, social, ambiental e ética do processo mediativo devem ser respeitadas pelo mediador, quando maneja ferramentas em modo e tempo adequados, fazendo intervenções pertinentes, quando tangenciados a ética, a boa-fé, os bons costumes; planeja com antecedência toda a logística, para tornar o ambiente confortável, porta-se de forma imparcial, zelosa, agindo com serenidade, porém com firmeza, criando um clima colaborativo, inspirando confiança nas partes e o sentimento de que estão sendo ouvidas e consideradas, em suas questões, informadas para que não renunciem a seus direitos e nem tangenciem os princípios legais.

Conclusão

Todos os elementos anteriormente dispostos mostram a relevância do estudo da mediação, seu caráter pedagógico, seu *status* de verdadeiro aditivo jurisdicional, que permite o efetivo e eficaz acesso à Justiça, numa releitura do art. 5º da Constituição Federal Brasileira, e por meio de seu viés democrático, reforça os princípios relacionados com a dignidade da pessoa humana, pois o homem dotado das habilidades necessárias para a resolução de conflitos aprende e aperfeiçoa a sua capacidade de pronunciar-se, inserir-se no mundo por meio de um diálogo pacífico e colaborativo, inclusivo, exercitando sua autonomia volitiva.

Referências

ALMEIDA, Tania. *Caixa de ferramentas em mediação. Aportes práticos e teóricos*. São Paulo: Dash, 2014.

AZEVEDO, André Gomma (Org.). *Manual de mediação judicial*. Brasília: Ministério da Justiça e Programa das Nações Unidas para o Desenvolvimento – PNUD, 2012.

BRAGA NETO, Adolfo (Orgs.). *Aspectos atuais sobre a mediação e outros métodos extrajudiciais de resolução de conflitos*. Rio de Janeiro: GZ, 2012.

SALES, Lília Maia de Morais. *A evolução da mediação através dos anos – aprimoramentos das discussões conceituais.* In: SALES, Lília Maia de Morais.

Capítulo 28

O que escutatória & storytelling têm para nos ensinar sobre conflitos?

Thomas Brieu

A depender dos padrões de linguagem e de escuta que utilizamos, colocamos o outro ou em uma postura de resistência e defensiva ou em uma postura de abertura e diálogo. A prática da escutatória e do *storytelling* ao vivo (co-criação de história ao vivo) permite eliminar padrões prejudiciais de linguagem, dissolver conflitos e fomentar o uso de uma comunicação assertiva e empática.

Thomas Brieu

Formado em Socioeconomia, Agronomia e Biocombustíveis. Trabalhou em multinacionais nos ramos de tecnologia e agronegócio, nos quais assumiu posições de liderança. Ao longo de 15 anos de observação e experimentação em milhares de conversas e negociações, se questionou: o que provoca aproximação e o que provoca resistência no outro? Incorporando os estudos mais recentes sobre neurociência, liderança, negociação e andragogia, desenvolveu um método que permite a cada pessoa mapear os seus padrões não produtivos de linguagem e de escuta e praticar alternativas eficientes de comunicação como uma nova ecologia da linguagem. Atualmente reside no Brasil e é reconhecido pelos seus treinamentos em Escutatória, Foco, Liderança, Vendas, Storytelling ao vivo e Inteligência Emocional.

Contatos
www.comunicacaoprodutiva.com.br
thomas@brieu.com
Instagram: doitbrasil
LinkedIn: Thomas Brieu
(11) 99266-5292

Quando ouço a frase "Você quer ter razão ou você quer ser feliz?" sinto que as pessoas entendem que para ser feliz é preciso deixar o outro com a razão. Como o nosso cérebro funciona de forma binária e com uma visão de mundo de escassez, ele encara essa frase como uma escolha. Na minha visão, existe uma terceira via: é feliz, não a pessoa que dá razão para a outra, mas aquela que entendeu não haver certo e errado, apenas existem pontos de vista diferentes, igualmente legítimos.

O que é o *storytelling* ao vivo?

Nessa perspectiva, quando duas pessoas se encontram, são duas histórias que também se encontram. Existe a tendência muito grande de que uma das duas histórias se sobreponha à outra, assumindo papéis hierárquicos, levando vantagem, ou até mesmo, quando a tensão é grande, de que uma das duas pessoas carregue, simbolicamente, o papel de vilão da história da outra.

Na minha experiência, o conflito tem, muitas vezes, mais a ver com a forma do que com o fundo, o conteúdo em si, pois quando a forma permite um diálogo equilibrado, então o conflito se transforma em negociação. O desafio do *storytelling* ao vivo é fazer com que cada um se sinta co-criador de uma terceira história que não é nem uma nem outra, mas o resultado da confrontação das duas histórias individuais catalisado pelo propósito. Repare que o conflito muitas vezes nasce quando as partes perderam de vista o propósito que elas têm em comum.

Quando falo de forma, falo essencialmente de padrões de linguagens. Existem alguns padrões que, por natureza, provocam uma resistência e outros uma aproximação. O *storytelling* ao vivo consiste em fazer com que as duas histórias se comuniquem de igual para igual, com respeito, fazendo com que cada parte se sinta protagonista e engajada em co-criar uma solução cujo propósito seja a liga que dissolve os conflitos.

LIÇÃO #1: OUVE E NÃO FALE ENQUANTO O OUTRO NÃO ESCUTA

"Entre o que eu penso, o que eu quero dizer, o que digo ... e ... o que você ouve, o que você quer ouvir e o que você acha que entendeu, há um abismo." (A. Jodorowsky).

No caso de conflitos, o que é que fazemos ou deixamos de fazer quando viramos o "vilão" da história do outro?

A minha hipótese é que escutamos mal, uma vez que o primeiro passo para uma comunicação fluida é justamente o esforço simultâneo de escutar o outro e me preocupar com que ele também me escute. Isso vai mais longe do que apenas ouvir atentamente. Além de escutar, é preciso dar a prova da sua escuta e ainda cuidar da escuta do outro, por exemplo, usando padrões de linguagem para captar a atenção do outro e, sobretudo, falar apenas à medida que o outro nos ouve.

O fato é que existem bons motivos para não nos escutarmos. Reconhecer essas razões é o primeiro passo para lidar com conflitos.

Listo abaixo alguns fatores que explicam o quanto somos limitados na nossa escuta e o quanto isso pode ser o adubo para os conflitos.

1) A curva das emoções

Quando confrontado com um fato novo que provoca emoções negativas, o ser humano não reage de forma racional e precisa percorrer o que psicólogos chamam de "curva das emoções".

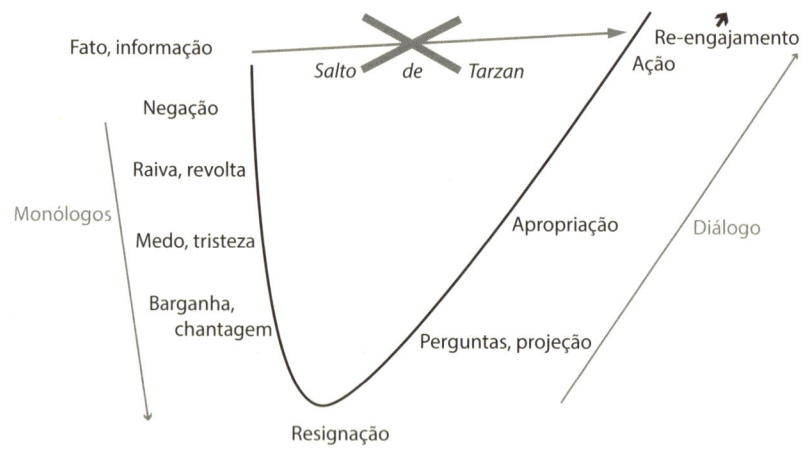

Fig. 1: curva das emoções.

Enquanto o outro estiver do lado esquerdo da curva, ele não está escutando. Nesse momento, por favor não argumente, não explique, não justifique, não rebata, afinal isso só irá adicionar "lenha à fogueira". Isso porque o outro está tão cheio das suas preocupações e emoções que ele não tem espaço mental para receber nossas palavras. Enquanto ele estiver do lado esquerdo da curva, fique em silêncio, dê prova da sua atenção e escuta, acolha de forma empática quando possível.

Não cabe a nós avaliar a legitimidade das reações e das emoções do outro. O fato é que elas aconteceram, e com fatos não se discute. Cabe a nós não levar para o pessoal, percebendo que a reação do outro, no fundo, é totalmente natural.

2) Somos todos limitados na nossa escuta

Independentemente de conflitos, nossa atenção e escuta estão limitados. Em primeiro lugar, porque as palavras escutadas competem com os próprios pensamentos e emoções do ouvinte. Muitas vezes eu mesmo me surpreendo escutando apenas para responder, para achar a falha no raciocínio do outro, ou simplesmente me surpreendi julgando e não escutando plenamente.

Considerando que os pensamentos e emoções são muito mais velozes do que a fala e, por outro lado, considerando que nossa compreensão e assimilação é bem mais lenta, temos um conflito de ritmos que dificulta a escuta entre seres humanos.

O fato é que as informações escutadas passam para a memória de médio ou longo prazo em função da intensidade das emoções que elas provocam em nós, o que não necessariamente tem a ver com a intenção que o outro quis transmitir. Ou seja, somos uma máquina emocional que escuta proporcionalmente aos nossos filtros emocionais.

3) O cérebro reptiliano

Voltando ao mecanismo que faz com que escutemos para julgar, vale tomar consciência do funcionamento da parte mais ancestral do nosso cérebro, chamada de primitiva ou basal. Essa parte do nosso cérebro tem a missão de lutar para a nossa sobrevivência, interpretando a vida como um combate e separando as informações entre ameaças e oportunidades. Dela vem a nossa visão binária e escassa de mundo. Dela vêm nossos reflexos automáticos de ataque, paralisia ou fuga. Assim sendo, em situação de ameaça ou *stress* não estamos escutando plenamente, estamos nos preparando para rebater a fala do outro, achar a falha no raciocínio do outro, ou ainda reutilizar as palavras dele em nosso favor.

Assim viemos de "fábrica": com um pedaço do nosso cérebro que encara a vida como um combate, onde o outro precisa perder para eu ganhar, onde há uma questão de honra pessoal em fazer com que o outro reconheça que tenho razão.

Como lição de casa, vale evitar padrões de linguagens que despertem esse tipo de reflexos defensivos, por exemplo:

Falas que começam por: *"Você é [...]"*, *"Porque você [...]"*, *"Teu/Tua [...]"*, etc., costumam estar associadas a julgamentos, acusações, comparações.

Falas que usam o "mas": *"entendo o que vc diz mas eu penso que...."*, etc., costumam estar associadas a oposição e confrontação.

Mesmo que sejam ditas com uma boa intenção, inclusive com intenção de empatia, costumam soar invasivas, pois quem sou eu para achar algo pelo outro? De forma geral, qualquer fato, informação, julgamento ou fala que ameace a visão de mundo do interlocutor desperta seus reflexos defensivos e diminui a sua escuta.

Lição #2: Quando falar, inspire e coloque sempre a história do outro antes da sua

1) Inspire para sair do automático

> "Entre o estímulo e a resposta existe um espaço. Neste espaço reside a nosso poder de escolha. E da nossa resposta depende o nosso crescimento e liberdade."

Assim falava Viktor Frankl no meio do século passado. Caro leitor, agora pare e inspire fundo, porque "entre a fala do outro e a sua resposta existe um espaço e neste espaço reside o seu crescimento, a sua liberdade e a sua inteligência emocional". Este tempo é o tempo onde tudo ainda é possível, pode ser o tempo do silêncio, o tempo de uma inspiração antes da resposta. Quanto mais emoção é envolvida, mais tempo e silêncio são necessários. Dar esse tempo é uma maneira de quebrar o reflexo automático, de tomar distância em relação a nós mesmos e de acessar outras zonas do cérebro onde residem, por exemplo, a nossa empatia e o nosso lado mais racional.

2) A história do outro antes da minha

Estamos tão recheados pelas nossas angústias, preocupações, metas, aspirações e emoções, que temos tendência a nos posicionar de imediato em relação a fala do outro. Estamos tão carentes de ser escutados e acolhidos, que na hora de responder colocamos a nossa história antes da história do outro. Este padrão é, para mim, um dos principais responsáveis pelos conflitos e tensões do dia a dia. De certa forma, é o contrário da empatia. O padrão de "oposição" em termos de linguagem acontece sempre que coloco a minha posição antes de levar em consideração a posição do outro. Por exemplo:

Cliente insatisfeito: *"Não vou pagar nada para um serviço sem qualidade! Do mês inteiro a minha internet não funcionou nem a metade do tempo!"*
Atendente em oposição, vermelho: *"Mas não posso fazer de graça, o meu supervisor não deixará, preciso que pague pelo menos 50% da fatura e fale com a área técnica"*
Cliente insatisfeito: *"Você não está me escutando, eu disse que não vou pagar nada, entendeu? nada!..."*

Exemplo de resposta alternativa:
Atendente assertivo, verde: *"Poxa, quando você me diz que sua internet não funcionou nem a metade do tempo,* [reutilizou as palavras do outro] *realmente sinto muito por essa situação muito desagradável, lamento o inconveniente, e vou fazer o meu melhor para resolver a situação contigo* [reformulação emocional sobre a história do outro antes de falar da sua]. *Agora* [como alternativa a palavras "mas"] *em relação a não pagar nada este mês* [reutilizou novamente as palavras], *tenho uma proposta alternativa.*

Não necessariamente o cliente vai concordar de imediato. Mesmo assim, em geral, consegue-se a atenção dele.

3) Investigue, se interesse pela história do outro

Dar a prova de escuta e colocar a história do outro antes da sua vai além de apenas respeitar a visão do outro, implica se interessar ativamente pelas palavras do outro. Evite as perguntas fechadas e faça mais perguntas abertas, mesmo que você corra o risco de escutar algo que não gostaria. Para fazer empatia e se sensibilizar com a história do outro, explore quais são seus interesses, seus critérios, seus princípios, qual é a causa raiz da insatisfação. Para explorar a fala do outro, use perguntas abertas, como: *"...como assim?"*, *"..., me diga mais?"*, *"...fiquei curioso, me conte?"*.

Quando em face a um ataque ou uma objeção do seu interlocutor, experimente inspirar pelo menos 3 segundos em silêncio, e responda com uma pergunta aberta demonstrando interesse pela história dele, sem julgamento. Às vezes, um simples *"Como assim?"*, e depois *"me conte o resultado, fiquei curioso..."*.

Lição #3: Acolher sem concordar, assumir sem se culpar

Reparem ao longo do dia quantas vezes vocês escutam uma frase com a seguinte estrutura "entendo/compreendo o que você diz, mas...". A intenção é boa e legítima de acolher sem necessariamente concordar. Este atalho é tão utilizado que é percebido pelo cérebro de qualquer um como um padrão claro de oposição. As palavras "entendo, compreendo" seguidas de "mas, porém", perderam qualquer eficiência na hora de acolher a história do outro. Quando usamos padrões de linguagem ligados a julgamentos, acusações, oposições ou confrontamento, fazemos com que o outro pare de nos escutar, o que nos torna agentes desse conflito. Um outro cenário semelhante, é quando falamos enquanto o outro não está emocionalmente propício à escuta. Nos cursos que faço, chamamos essas situações de sinais vermelhos da comunicação e convidamos os participantes a substituí-los pelos sinais verdes. Sempre existe uma alternativa "verde", este é o princípio da assertividade: poder dizer tudo a qualquer pessoa, sem perder a qualidade da relação. Vejam os exemplos seguintes.

Pedro é o chefe da Julia. Ontem, Julia faltou para fazer o *check-up* de saúde obrigatório e avisou Pedro por *e-mail*, entretanto Pedro não se atentou ao e-mail.

Pedro: *"Poxa, que folgada, fiquei te esperando ontem!"*

Julia no automático, vermelho/oposição: *"Entendo, mas eu te enviei um e-mail!"*

Julia inspirada, verde: *"É verdade que eu não vim ontem* [assumir os fatos e não a culpa] *sinto muito por você ter me esperado* [bem mais assertivo do que "desculpa" que remete ao conceito de culpa, certo e errado], *talvez eu não fui clara quando enviei o e-mail para te* avisar [trazer a responsabilidade para sim em vez de se justificar ou jogar a culpa no outro], *da próxima vez falarei pessoalmente contigo* [compromisso de solução futura]".

Outro exemplo, no mesmo dia:

Pedro: *"Sempre que algo dá errado é sempre a mesma desculpa do sistema! Estranho né?"*

Julia no automático, vermelho: *"Compreendo sua reação, mas o sistema realmente não funcionava!"*

Alternativa:

Julia inspirada, verde: *"como assim?"*, com um tom de curiosidade

Pedro desarmado: *"hoje é o terceiro relatório que deixamos de entregar para a controladoria, não pode continuar assim".*

Julia inspirada, verde: *"Realmente é o terceiro relatório que não entregamos* [assumir os fatos e não a culpa], *é natural que possa achar que seja uma desculpa, ainda mais que é a terceira vez que o sistema falha* [acolhe a legitimidade da história do outro], *agora o fato é que o sistema continua com defeito, confesso que eu mesma não sei mais como lidar com essa situação* [verbaliza uma emoção pessoal de vulnerabilidade o que provoca conexão e respeito pela parte do Pedro], *o que você sugere que façamos para sair deste impasse?"* [vai buscar a solução na cabeça do outro].

Com esses exemplos, fica evidente que existem padrões de linguagem que permitem acolher a história do outro sem necessariamente concordar ou assumir a culpa.

Conclusão

Há muitos motivos para o outro não nos escutar. O interessante é perceber o quanto essa situação depende de nós.

Muitos conflitos começam quando as posições nem chegaram a ser verbalizadas de forma clara e ainda menos escutadas. Nessas circunstâncias, cada um testa o outro sem saber qual é o problema de verdade, e facilmente o conflito se auto alimenta, virando um jogo de poder com grande desgaste emocional. O desafio é desarmar o outro e sobretudo desarmar a si próprio para que possa se instalar um diálogo e uma negociação. Para que isso aconteça, é necessário fazer uma suspensão temporária do seu ego, exercitar e praticar o silêncio, inspirar, contar até três, escutar e dar a prova da sua escuta antes de colocar a sua história. Isso significa se interessar genuinamente pela história do outro.

Com a prática e a repetição, já verifiquei de fato o que chamamos de plasticidade neuronal e que é possível substituir o seu padrão de automático por um outro, começando a focar em padrões de linguagens mais produtivos. O mágico é que o simples fato de experimentar esses novos padrões de linguagem já se torna um convite para explorar novas visões de mundo. Nem que seja apenas porque as diferenças e as diversas opiniões não soam mais como ameaças e, sim, como um universo a se explorar.

Vale concluir que este é um caminho sem fim, e uma vida não é suficiente, pois à medida que somos cada vez melhores sucedidos na gestão de conflitos, descobrimos que, no fundo, os maiores conflitos e as maiores negociações acontecem dentro de nós.

Capítulo 29

Amor secreto como gerador de conflito: uma visão sistêmica

Vera Bassoi

Tenho refletido muito sobre os motivos que são geradores de conflitos nas relações humanas e parece-me que são tantos, aparentemente impossível de enumerá-los. Curiosamente, um deles me chama a atenção, de maneira especial – é o amor secreto! Não quero definir o que entendo por amor secreto, pois o meu desejo é que você, caro leitor, descubra o significado por meio da leitura deste artigo.

Vera Bassoi

É mestre em Comunicação e Cultura, especialista em Psicossomática, professora universitária em cursos de pós-graduação, formadora de consteladores. Certificou-se em diversos cursos de Constelação Familiar, Organizacional, Estrutural, Pedagogia Sistêmica e *Coaching* Sistêmico, aqui no Brasil, no México e Alemanha. Atua como consteladora desde 2005. É palestrante em Congressos sobre Constelação, Saúde, Terapias Complementares e Integrativas. Graduada em Sociologia, Ciências Naturais e Matemática, foi professora de Metodologia Científica e Métodos e Técnicas de Pesquisa. É pesquisadora acadêmica e desenvolveu uma técnica de constelação com bonecos para atendimento individual e de casal. Sua dissertação de mestrado, baseada na pesquisa inédita que durou 5 anos, foi testada e analisada pelo cientista inglês Rupert Sheldrake, o qual comprovou a existência da Ressonância Mórfica que possibilita os bonecos se movimentarem no campo, por meio da energia do cliente e do facilitador.

Contatos
www.institutoverabassoi.com.br
verabassoi@gmail.com
Facebook e Instagram - Vera Bassoi
WhatsApp: (15) 99774-2890
Skype: vera.bassoi
http://lattes.cnpq.br/0348259789605433

Considero que o maior e o mais digno dos atributos humanos é o sentimento de Amor. Ah, o Amor! Palavrinha pequena, mas tão poderosa! Em nome do amor se constrói e também se destrói, se dá a vida e se dá a morte. O mesmo amor que cura, também nos adoece. O mesmo amor que nos faz sentir no céu, também nos faz sentir no inferno. Quanta ilusão e quanta desilusão!

De acordo com a teoria que embasa as Constelações Familiares, o primeiro amor do ser humano é a mãe, pois é no seu corpo que somos gerados e nutridos. Quando nascemos, a separação do corpo da mãe nos causa insegurança e medo, um medo muito grande de perdê-la, pois ela é a fonte da nossa vida, o grande amor. Não podemos excluir o pai que também faz parte da fonte da vida, mas o amor maior é com a mãe. A nutrição vem dela quando nos amamenta e nos aconchega ao seu corpo, cuja energia tão bem conhecemos por termos habitado seu interior por 40 semanas.

Escrever sobre o amor, com certeza, dá um livro de muitas páginas, no entanto, o meu objetivo aqui, agora, é me limitar ao foco que escolhi para este momento, ou seja, "Amor secreto como gerador de conflito".

Na Bíblia está o primeiro exemplo do conflito gerado pelo amor secreto de Caim pela sua mãe, o que o levou a matar Abel. Este era o filho predileto de Eva, e Caim não aguentou conviver com aquele que veio depois e roubou o amor da mãe. Caim nutria um amor secreto por Eva. Essa metáfora, me trouxe à luz o Complexo de Édipo. Muitos são os filhos que têm esse complexo e, inconscientemente, buscam uma esposa que tenha algo semelhante com a sua mãe. O que vai acontecer com o passar do tempo? Começa a haver uma insatisfação exatamente porque descobre que estava enganado e foi levado por um desejo de encontrar algo que não encontrou (continua sem saber o quê) e, por outro lado, a esposa também se irrita porque "tudo que é da mamãe, é melhor"! Pronto, o conflito está gerado e tudo aconteceu por um amor puro e verdadeiro pela mãe! Secreto e inconsciente!

Apesar de ser bastante conhecido o complexo de Édipo, é possível que uma parcela dos leitores desta obra o desconheça. Irei narrar a lenda de Édipo por ser muito importante para se compreender o puro amor: Laio, rei da cidade de Tebas, por ocasião da gravidez de sua esposa Jocasta, foi ao oráculo de Delfos fazer uma consulta aos deuses para saber se a criança que estava sendo gestada traria bons fluidos para a vida deles. No entanto, obteve como resposta que era um menino destinado a matar o pai. Temeroso do terrível vaticínio, ele decidiu livrar-se do filho. Quando a criança nasceu, ele raptou-a e fez a mãe acreditar que seu filho havia morrido. Laio trespassou-lhe os pés com um cravo e entregou-o a um pastor para que o abandonasse no monte Citeron. O servo, tendo passado uma tira de couro nos pés da criança, pendurou-o em uma árvore, com a cabeça para baixo, e ali o deixou a fim de que os corvos comecem a sua carne. O choro da criança atraiu a atenção de um pastor de Corinto, cidade não muito distante de Tebas, que a socorreu e a entregou aos reis de seu país. O casal, que não tinha filhos, adotou o menino e lhe deram o nome de Édipo, que quer dizer "pés inchados". Édipo cresceu como príncipe de Corinto, ignorando sua verdadeira origem.

Quando já crescido, teve uma desavença com um bêbado em um festim, e este lhe lançou a suspeita de não ser filho legítimo dos reis de Corinto. Não suportando ficar com essa dúvida, Édipo foi consultar o oráculo de Delfos. A resposta do deus foi arrasadora! O deus aconselhou-o a não voltar à sua terra natal, pois estava destinado a assassinar o pai e casar-se com a própria mãe. Édipo, horrorizado, acreditou que não deveria nunca mais voltar a Corinto e que seus pais eram aqueles reis que o criaram. Tomou, então, a estrada, sem um rumo definido. Numa encruzilhada, deparou-se com a carruagem que levava um homem arrogante, o qual lhe exigiu que se colocasse à margem para lhe dar passagem. Édipo, abalado com o que ouvira em Delfos, reagiu e foi agredido na cabeça, pelo seu oponente. Enfurecido pela dor, matou o homem e seus servos, ali mesmo na estrada. Sem saber, acabara de assassinar seu próprio pai biológico. Um único servo que escapou com vida, correu a Tebas para anunciar a morte do seu soberano. Jocasta acabara de ficar viúva.

Algum tempo depois, Édipo chegou a Tebas. Ali encontrou um povo totalmente amedrontado com a ameaça da Esfinge, a qual lançou um enigma que ninguém havia conseguido desvendar. A Esfinge, com cabeça de mulher, corpo de leão e asas de águia, era implacável com aqueles que se propunham a passar pelo teste, porém fracassavam. Todos eram devorados. Apesar do medo, muitos homens se arriscaram a desvendar o enigma porque o vencedor ocuparia o trono do rei e se casaria com a viúva Jocasta.

O enigma era o seguinte: "Qual é o ser que tem quatro pés pela manhã, dois ao meio-dia e três à noite, sendo que, ao contrário do que acontece aos outros seres existentes, é tão mais lento ao caminhar, quantos mais pés possui?" Édipo, com sua brilhante inteligência, respondeu: "Esse ser é o homem, que na infância anda de quatro, na juventude anda de dois e na velhice anda de três, com a ajuda de uma bengala".

Como prêmio à sua façanha, Édipo foi elevado ao trono tornando-se rei de Tebas, contraindo matrimônio com Jocasta, sua própria mãe biológica, o que ele jamais poderia supor. O casal teve quatro filhos, segundo uma variante da lenda.

Anos mais tarde, uma peste assolou Tebas, e lá se foi novamente Édipo a consultar o oráculo. Foi-lhe dito que a única maneira de acabar com a peste, era punir o assassino de Laio. Mas Édipo ignorava que aquele homem que ele havia matado era Laio. Foi então, que ele amaldiçoou o criminoso, sem saber que era ele próprio! No entanto, a verdade surge, terrível e implacável, da boca do adivinho Tirésias. O rei, desvairado pela possibilidade de ser verdade, tenta negar a notícia que já começou a se espalhar pelo povo, até chegar aos ouvidos de Jocasta. Mais evidências se apresentam posteriormente a Édipo que vai em busca de sua esposa. Tarde demais! Já a encontrou morta, enforcada sob uma trave do teto. Seu desespero não encontra mais limites, e o infeliz herói vaza os próprios olhos, como autopunição. Depois, expulso da cidade, passou a levar vida errante até morrer na miséria e na solidão.

Essa tragédia grega, que é apenas uma lenda, fez com que Sigmund Freud, médico psiquiatra vienense, tomasse consciência dos sonhos eróticos que tinha com sua mãe e, então, ele próprio vivenciou o complexo de Édipo. Apavorado e, ao mesmo tempo, curioso, começou a investigar esse amor secreto pela mãe, quando descobriu que é muito comum o filho homem competir com o pai, pelo amor da mãe, ou inconscientemente, querer se colocar no lugar do marido quando ela fica viúva, ou o casal se separa. Freud incorporou o Complexo de Édipo na Psicanálise, não como tragédia, mas como uma pulsão de amor e desejo pela mãe.

Dentro da Psicanálise, Lacan trouxe a noção de Édipo Estrutural, ou seja, o drama edípico se desenrola em forma de um triângulo cujos vértices são ocupados por um sujeito desejante, um objeto desse desejo e uma proibição à concretização desse mesmo desejo. Da mesma forma que se estrutura o complexo de Édipo, também encontramos o complexo de Electra, o qual se manifesta na filha que procura o amor do pai.

Nas Constelações Familiares, técnica com a qual trabalho desde 2005, nos deparamos constantemente com esse amor secreto pelos pais, principalmente quando um deles morre prematuramente. Muitos clientes trazem questões de conflitos nos relacionamentos amorosos e não sabem por que é que não dá certo. E quando é colocada a constelação, logo aparece a causa do conflito.

Para ficar claro o que quero dizer, citarei um exemplo: uma cliente chega com a questão de dificuldade no casamento, o que está gerando muita briga. Diz ela que existe amor, mas está difícil a convivência. Peço para escolher um representante para ela e outro para o esposo. Os dois representantes escolhidos se posicionaram em lugares distantes dentro do espaço apropriado para a constelação, o qual denominamos de "campo". Imediatamente percebemos que a representante da mulher começou a olhar para o chão. Em nenhum momento ela olhou para o homem, sendo que ele procurou pelo olhar dela. Como ela continuou a olhar para o chão, perguntei-lhe, quem é que morreu cedo, prematuramente, dentro do seu sistema familiar. Ela informou que foi o pai. Disse que tinha apenas seis anos quando o pai sofreu um desastre de automóvel. Nesse momento, a emoção tomou conta da cliente que começou a chorar copiosamente. No campo, pedimos para um homem deitar-se ali no chão, exatamente no lugar para onde a representante olhava. Não demorou nada para que esta se deitasse ao lado e se abraçasse a ele. Enquanto isso, o representante do esposo estava estático, à distância, apenas olhando aquela cena. Pedi, então, para a cliente entrar no campo e se colocar no local onde a representante estava deitada. Abraçou o pai, deitou a cabeça no peito dele e, entre soluços, repetiu as frases que lhe propus: — "Antes eu do que você, meu pai. Eu queria ter ido no seu lugar. Senti muito a sua falta. Passei todos esses anos te procurando nos homens que conheci, até que pensei te encontrar naquele que escolhi como meu esposo. Agora eu vi que me enganei, não te encontrei nele e em ninguém. Sinto um enorme buraco no meu peito e nada me preenche! Eu te amo muito, querido pai".

Sugeri que o representante do pai se levantasse, e ela também. Os dois se deram um abraço forte, frente a frente, totalmente, de forma que eu disse a ela: — Aproveite agora para preencher o vazio do seu peito, tomando a energia do pai que te faltou. Diga a ele que você o procurou em todos os lugares, e esqueceu-se que ele sempre esteve presente em todas as células do seu corpo. Repita: — "Metade de mim é você, querido pai, e a outra metade é a minha mãe".

À distância, o representante do esposo estava visivelmente emocionado, sem tirar os olhos dela. Quando ela se sentiu preenchida do amor do pai, pode olhar para o esposo e disse: - "Agora eu o vejo!"

Sugeri que continuasse olhando para o esposo e repetisse as minhas palavras, se estas fizessem sentido para ela: — "Querido esposo, me perdoe por ter lhe julgado, lhe culpado pelas nossas desavenças, sendo que somente agora posso compreender que eu procurava o meu pai em você. Por esse motivo eu não aceitei você do jeito que você é, mas eu queria lhe moldar à minha maneira. Só que eu não sabia que, inconscientemente, queria que você fosse como aquele que eu perdi quando criança! Por favor, me desculpe! Você é um homem bom, sei que me ama, eu o amo também, porém fui muito exigente com você porque o idealizei pelo fato de achar, em você, algumas características que me lembravam o meu pai. Obrigada por ter tido paciência comigo. Agora reconheço que eu estava presa na dor da minha criança ferida! Estando preenchida do meu pai e tendo tomado essa consciência, não preciso mais procurar por ele em você, nem em lugar nenhum, pois o levo comigo onde eu for, ele está vivo em mim".

À medida que a cliente foi falando, o representante do esposo foi se aproximando, até que os dois se abraçaram. Ali havia terminado o conflito que, de forma totalmente inconsciente, foi gerado pelo grande amor que ela sentia pelo pai. Esse caso exemplifica o complexo de Electra.

Veja, caro leitor, o que o amor secreto faz: realmente é um gerador de conflito! Então você deve estar pensando se é possível encontrar uma solução para isso, não é? A resposta é SIM. Nas constelações familiares, para todos os casos de amor secreto, no sentido que estamos focando, a solução é desvendar o segredo para o cliente, pois é espantoso para ele, ou ela, adquirir a consciência do porquê desse amor que nutria a sua alma. Ao mesmo tempo que é espantoso para o cliente, é divino para o facilitador, pois ele pode presenciar a transformação que ocorre na postura, na expressão facial e no bem-estar que toma conta da inteireza do cliente, ali, na sua frente! E quando pergunto ao cliente:
— Como você está se sentindo agora? Imediatamente ouço a resposta:
— Muito bem, muito mais leve!

E então pergunto: — Quais os conflitos gerados por causa do amor? No primeiro exemplo, foi a tomada de consciência de ter tido a própria mãe como esposa. No segundo caso, o fato da cliente ter visto o quanto ela não estava disponível para o marido, fez com que se conscientizasse do grande amor que sentia pelo pai. A partir daí, ela compreendeu o conflito existente no relacionamento matrimonial.

Caro leitor, você descobriu o sentido do "Amor Secreto"? Espero que sim. Saiba que é muito mais amplo do que exemplifiquei aqui, vai muito mais além do que o complexo de Édipo e o de Electra, mas se você entendeu, alcancei meu objetivo. Se quiser me dar seu parecer, pode me enviar um *e-mail*. Será muito útil para mim.

Capítulo 30

Gestão de conflitos: uma questão de percepção, posicionamento e perspectivas

Wayne Porto Colombo

Você já esteve em meio a um conflito que não entendeu muito bem como começou? Alguma vez já "comprou uma briga" que não era sua? Ou defendeu calorosamente um ponto de vista que hoje não faz mais sentido? Algumas dessas vivências são muito naturais durante a experiência de vida.

Wayne Porto Colombo

Empresário nos ramos da Educação Corporativa, Programação Neurolinguística e Indústrias Químicas. Possui extensa formação em PNL, com especializações internacionais em Modelagem de Excelência, Panorama Neuro Social, Transformação Essencial, *Coach* Generativo, Focalização, *Mindfulness* e Hipnose Ericksoniana. Conta ainda com formação internacional em Constelações Estruturais e Constelações Organizacionais. Fundador do Instituto Nacional de Modelagem Mental, por lá promove cursos de formação em Modelagem de Excelências e atua codificando algoritmos de sucesso em pessoas que possuem excelência em seus campos de atuação, como empreendedorismo, vendas, esportes de alta *performance*, músicos e outros. Nas empresas, atua na Sucessão Familiar por meio da Modelagem Corporativa Cultural do Fundador bem como na Construção de RH e Liderança Sistêmica.

Contatos
www.unipnl.com.br
wayne@unipnl.com.br
Instagram: @unipnl
(16) 98150-2228

Naturalmente nos deparamos com situações que, de alguma maneira, mesmo que sutis, abalam o nosso *status quo*, colocam em risco nossa ideia ou sensação de segurança ou competência, por exemplo. Algumas vezes, os conflitos são iminentes, pois temos desejos, sonhos, ambições, vontades, pretensões e o mundo apresenta suas limitações, contrárias às nossas idealizações.

Bem, e que mundo é este que se mostra limitado à nossa frente, contrário às nossas idealizações? Evidentemente que este mundo é outro ser humano igual a você, com desejos, sonhos, ambições, vontades e pretensões. Quando esses dois mundos estão alinhados num mesmo tema, existe a harmonia e ausência de conflitos.

Contrário a isso, temos o conflito. Quando as abundantes pretensões do meu ser se encontram com as limitações do mundo do outro, a iminência do conflito é indiscutível.

Vamos entender isso como a "luz" de uma ferramenta bem moderna. Isso é interessante de ser diagnosticado e avaliado por meio do Panorama Neuro Social – no caso, apenas abordado como ferramenta de diagnóstico da dinâmica na interação dos relacionamentos

A ideia dessa ferramenta é que, na psicologia do espaço mental, dispomos as pessoas em posições específicas. Também dispomos objetos, sonhos, desejos, pretensões, animais de estimação, qualquer coisa, em posições bem claras e específicas.

Essas posições refletem a dinâmica dos relacionamentos que lá estão bem como a qualidade dos resultados que estamos obtendo dessas relações, ou melhor, dessas posições relativas. Por exemplo, um indivíduo que olha para a aquisição de um novo veículo, objeto de desejo, e entre ambos há um terceiro elemento – sua esposa. Durante a aplicação da técnica de Panorama Neuro Social, poderemos identificar se esta relação é conflituosa ou apoiadora. Acompanhe o primeiro gráfico.

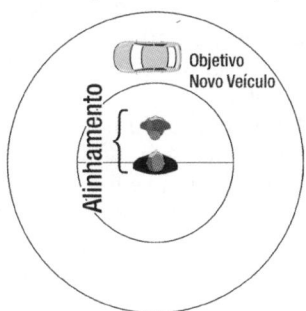

A esposa e o marido olham para o mesmo objeto – o carro novo. Os olhares estão na mesma direção. Embora a esposa esteja entre o ser desejante "marido" e o objeto de desejo "carro novo", o fato de ela estar olhando para o mesmo objetivo mostra congruência e alinhamento, harmonia.

Aqui não tendemos a ter um conflito iminente. Óbvio que, nessa posição específica, a esposa é parte da decisão, parte da conquista. Primeiro convencê-la e, em seguida, atingir o objetivo.

Já, no gráfico 2, veja que o cenário é praticamente o mesmo. A esposa entre ambos, contudo, agora ela está olhando em direção ao marido. Aqui fica o diagnóstico de um conflito instalado.

Ela não vê o objeto de desejo. Ela não se atenta para isso e deseja atrair a atenção total para algo que não seja o carro novo – no caso, ela mesma.

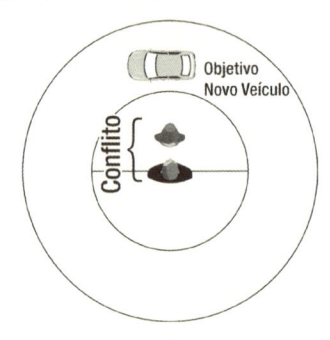

Existem inúmeras outras posições que o gráfico pode apresentar.

Como estou falando da ferramenta apenas como uma ferramenta de diagnóstico, basta entendermos que, em nosso mapa mental, no nosso inconsciente, podemos identificar facilmente os conflitos por meio das posições geográficas nas quais as partes interessadas e interessantes estão dispostas.

Já me disseram: "muito mais fácil que ver num mapa é viver as brigas cotidianas de um conflito". É uma triste verdade, no entanto, as ferramentas sistêmicas existem para justamente nos ajudar a compreender as forças que interagem nos sistemas e que geram conflitos, por exemplo.

Até aqui eu parti do pressuposto de que, para existir conflito, é necessário que haja um desalinhamento entre os desejos de um mundo e as limitações do outro mundo.

No entanto, há conflitos mais árduos de serem enfrentados. Os conflitos internos. Um único mundo – o individual. Desejos contraditórios às nossas crenças, dilemas da vida real e cotidiana que nos colocam à prova de nossa competência, fé, crença e existência. Como resolver tais conflitos que surgem espontaneamente e cada vez mais no mundo atual é tema para outro artigo. Aqui focaremos no conflito que costumeiramente são denominados por conflitos interpessoais.

Vou citar OSHO quando diz que:

"Cada pessoa vive em seu próprio mundo. Quando duas pessoas começam a viver juntas, existem dois mundos vivendo juntos. Todo o conflito das relações humanas é um conflito entre mundos, não entre pessoas." OSHO

Partindo da premissa acima, sugiro que para todo conflito iminente ou instalado, o posicionamento mais adequado a ser tomado é o de preservar a relação, preservar o respeito e a dignidade. A partir do momento em que o conflito leva à perda do respeito ou da dignidade, instala-se o confronto, onde a dinâmica é altamente prejudicial, seja em relacionamentos conjugais, familiares, amizades ou profissionais.

Outro posicionamento importantíssimo é não personalizar o conflito, não assumir como algo no qual você é a vítima. Colocar-se em situação de vítima diminui o seu poder de conquista. Se deseja realmente algo, o único papel que não pode assumir é o de vítima. Se assumir esse papel num conflito entre partes interessadas, cederá ao conflito cessando-o e iniciará um ainda mais complicado, o conflito interno.

O conflito é saudável, pois a solução se dará inevitavelmente pela harmonia e alinhamento entre ambos os "mundos". O confronto nunca é saudável, pois suas sequelas são cicatrizes perenes.

O pressuposto que mais ajuda a solucionar um conflito é justamente o que nos levará às ferramentas de gestão de conflitos mais eficazes da história humana.

Este pressuposto diz que:

Um conflito é um desalinhamento perceptual pelas diferentes perspectivas, sobre um mesmo tema em questão.

Como prova do pressuposto acima, peço que avalie a imagem abaixo e responda pronta e sucintamente.

Que tipo de lua é esta?

Muitos responderão lua crescente. Outros responderão lua minguante. Pois bem, sabemos que poderá haver pessoas que responderão qualquer outra coisa que, efetivamente não representa o que de fato a imagem pode informar sobre a lua. Ou é minguante ou é crescente à luz da astrologia.

Quem respondeu minguante, está correto desde que more no Hemisfério Norte ou a observe deste ponto do planeta Terra. O mesmo para quem respondeu crescente, desde que seja um morador ou observador do Hemisfério Sul.

Ou seja, um mesmo tema pode nos colocar em discussão quando divergimos sob o ponto de vista, sob as perspectivas de cada um.

Dessa maneira, a primeira ferramenta em proposta para resolução de conflitos será a posição perceptiva.

Posições perceptivas

Essa ferramenta de grande potencial resolutivo de conflitos tem sua exponencial utilização dentro da PNL. Finamente detalhadas por John Grinder e Judith DeLozier, as Posições Perceptivas visam avaliar um conflito a partir de diferentes perspectivas. O que fundamenta isso está diretamente relacionado com a nossa lua – é fato que Albert Einstein também já descreveu isso na teoria da relatividade – tudo depende do ponto de vista do observador.

Essa ferramenta ajuda a construir um aprendizado e levar a novas formas de compreender o tema por meio de outros pontos de vista, bem como aumentar o leque de novas escolhas ou opções para se resolver um conflito.

Partindo da premissa que o conflito é algo que nos faz crescer, pois coloca em xeque mate alguns *status quo* possivelmente desatualizados e que um conflito é um desalinhamento perceptual pelas diferentes perspectivas sobre um mesmo tema, sair da defensiva estagnação do seu ponto de vista e conhecer novos "ângulos" do tema, com certeza, o ajudará a galgar importantes passos para uma significativa expansão da consciência.

Para que efetivamente as Posições Perceptivas podem contribuir?

1- Para melhorar sua compreensão sobre o ponto de vista de outras pessoas que lhes são importantes;

2- Dar-lhe mais flexibilidade e criatividade pela expansão da consciência sobre o tema em questão;

3- Poder avaliar seus comportamentos verbais e não-verbais atuando sobre seus relacionamentos;

4- Poder avaliar o poder de influência dos comportamentos verbais e não-verbais dos outros sobre você;

5- Colocar-se empoderadamente frente a um conflito, sem vitimizar-se, de forma não passional, mas racional.

São três as posições perceptivas ou perceptuais a serem exploradas nesta ferramenta. A primeira posição será a sua posição propriamente. Faça um inventário de suas experiências segundo aquilo que tem importância para você. Separe por sensações sobre tudo o que você vê no conflito, tudo o que ouve e sente. Considere suas necessidades dando atenção aos seus pensamentos e sentimentos.

Liste tudo em três colunas separadas conforme sugerido a seguir:

Tudo o que eu vejo	Tudo o que eu ouço	Tudo o que eu sinto

Primeira posição perceptual – Própria

A segunda posição será a posição da pessoa com quem o conflito está sendo discutido. Da mesma maneira, faça um inventário das experiências que a outra pessoa possa estar vivendo e que a leve a pensar, ver, ouvir e sentir de maneira adversa a tua. Viva o tema desassociado de ti e associado à outra pessoa.

Procure fiel e verdadeiramente entender quais motivos nesse tema podem estar levando a pessoa a agir de maneira genuína, porém adversa. Coloque-se no lugar dessa segunda pessoa como se você sendo ela e analisando a si mesmo por meio da outra pessoa. Avalie se a pessoa em primeira posição está levando em consideração seus pontos de vista, se ela está respeitando você, se procura estabelecer uma empatia minimamente suficiente para a resolução ou se está limitada por seu posicionamento. Como você se percebe em primeira posição?

Liste o máximo de itens em cada uma das colunas conforme tabela a seguir:

Tudo o que eu vejo	Tudo o que eu ouço	Tudo o que eu sinto

Segunda posição perceptual – Do outro

Lembre-se de que antes de criticar alguém, coloque-se no sapato dele e caminhe uma milha.

A terceira posição será a posição imparcial. Imagine-se como um observador que participa a uma distância segura do conflito em questão e é imparcial. Perceba em sua mente sua capacidade de ver, ouvir e sentir a si mesmo e à outra pessoa, porém de forma imparcial, puramente analítica.

Pense quais pontos de vista ambos estão deixando passar despercebidos, quais opiniões, conselhos, sugestões, observações poderia oferecer a qualquer uma das partes ou a ambas de forma imparcial, de forma a proteger o objetivo principal em questão e não os egos em conflito. Seja objetivo ao procurar maneiras de participar ativamente na busca por uma solução diferente e orientada ao objetivo maior. Procure trazer à luz do conflito o que realmente importa.

Liste o máximo de itens em cada uma das colunas conforme tabela a seguir:

Tudo que eu vejo	Tudo que eu ouço	Tudo que eu sinto

Terceira posição perceptual – Imparcial

Queremos que o conflito seja algo que nos leve a um novo patamar de consciência e aprendizado ético e intelectual. Para isso, é importante que consigamos nos deslocar nas três posições citadas com franqueza e genuíno interesse em encontrar o melhor caminho ao atingimento do objetivo.

Vale sempre lembrar que quem vive preso na primeira posição perceptual é considerado um "egocêntrico", viciado em satisfazer suas necessidades pessoais não se importando com o resultado em relação ao objetivo ou mesmo com a qualidade dos relacionamentos interpessoais.

Já quem vive associado à segunda posição, também traz consigo um rótulo de codependente ou permissivo, pois vive às custas de satisfazer ou compreender os demais mesmo em detrimento às suas próprias necessidades.

E não por estar de fora, o imparcial ficaria sem um ponto de observação sobre sua conduta. Pessoas que sempre estão em terceira posição, como observadores imparciais, tendem a se tornar distantes, frias, solitárias, indiferentes e desinteressadas. Seriam as apáticas.

O equilíbrio e a sensatez vêm com a habilidade de permear pelas três posições sempre e, a qualquer momento, perceber como conduzir da melhor maneira o ritmo do conflito, para que a solução traga crescimento e contentamento a todos.

Essa ferramenta está diretamente associada a dois pressupostos da PNL.

1- O sistema (pessoa) que tiver o comportamento mais flexível, terá a maior influência no sistema;

2- Não existe fracasso, apenas *feedback*.

Agradeço a sua dedicação na leitura deste texto e sugiro que nos acompanhe para saber mais sobre esta e outras ferramentas de gestão de conflitos por meio do *site*... etc.

A continuidade deste capítulo se dará também pelo site da literarebooks.com.br com o texto – Tetralema – a ferramenta budista para a resolução de conflitos.

O Tetralema é, sem sombra de dúvida, a ferramenta mais antiga conhecida sobre a resolução de conflitos que fogem ao dilema. Onde três posições não são suficientes, criamos a quarta e a quinta posição. Algo inspirador e incrivelmente revelador de grandes novas possibilidades.